BRICO WEEK-END

Des cloisons qui tombent à pic !

Accessibles et ingénieux, des projets à réaliser soi-même, expliqués pas à pas.

Catherine Nadal

saep

Éditions S.A.E.P. - 68040 Ingersheim - Colmar

Avant-propos

Pour des raisons très variées, **il arrive qu'un espace ne soit pas, ou plus, adapté :** pièce trop grande, envie d'isoler une zone pour une utilisation particulière — préserver l'intimité ou séparer en deux une chambre d'enfants, par exemple.

Réaliser soi-même un aménagement intérieur est moins onéreux que de faire appel à une entreprise et c'est surtout un grand plaisir.

De nombreuses solutions s'offrent à nous, qui ne sont pas si difficiles à mettre en œuvre et ne nécessitent pas de posséder des outils très sophistiqués.

Selon les cas, une cloison séparative peut avoir des fonctions très différentes : isoler un espace n'implique pas que celui-ci soit complètement clos. Ainsi, certaines cloisons laissent plus ou moins passer la lumière, elles peuvent être fixes ou au contraire mobiles, **permettant ainsi de moduler le volume.**

Outre **leur aspect décoratif,** les séparations peuvent aussi être pratiques et faire office de rangement, cumulant ainsi plusieurs fonctions.

Les exemples présentés vous permettront d'avoir un aperçu de toutes les possibilités et vous aideront à aménager votre espace tout en laissant libre cours à votre imagination.

Une tête de lit en béton cellulaire*

confort et originalité

1 week-end | Bon marché | Facile

Le béton cellulaire permet de réaliser des projets à l'aspect architectural très différent et modulables à souhait. On peut ainsi isoler un espace par un élément fort, tout en lui ajoutant une fonction pratique (rangement, étagères, bar...).

Plus légers et plus faciles à couper que les carreaux de plâtre, les blocs de béton cellulaire s'assemblent comme les pièces d'un jeu de construction. Disponibles en différentes épaisseurs (5 cm, 7 cm, 10 cm, 15 cm, 20 cm, 25 cm et 30 cm), ils offrent une grande liberté créative.

Côté décoration, le béton cellulaire permet de créer des volumes de proportions différentes : bien qu'assez imposants, ils conservent une véritable élégance grâce à l'opposition des vides et des pleins. Les options de finition sont très nombreuses : peinture, enduits de toutes sortes, carrelage... Ce matériau peut même être sculpté, pour reproduire, par exemple, la frise de fleurs en bas-relief de la table « années 30 » de votre salon, ou tout autre motif de votre choix.

Tout en créant une séparation dans la chambre, la cloison que nous avons réalisée constitue également une tête de lit pratique et originale. Pourquoi vous en priver ?

La liste des courses

Pour une cloison de 165 cm de longueur et 85 cm de hauteur :

- 10 blocs de béton cellulaire 60 (L.) x 25 (H.) x 20 (ép.) cm
- mortier-colle en poudre – 10 kg
- enduit de lissage – 7 kg
- peinture acrylique satinée blanche

La boîte à outils

- scie égoïne pour béton cellulaire
- maillet en caoutchouc
- cale à poncer
- papier de verre gros grain et grain 80
- niveau à bulle (ou niveau laser)
- fil à plomb (ou niveau laser)
- équerre
- règle de maçon (une planche bien plate fera l'affaire)
- couteau à enduire
- platoir
- pinceau à rechampir
- rouleau antigoutte
- bac à peinture
- grille métallique
- crayon

*Le saviez-vous ?

Béton cellulaire

Composition : bloc composé de chaux, de ciment, de sable et de poudre d'aluminium.

Caractéristiques : très bonne résistance thermique, peut s'utiliser pour la réalisation de cheminées ou de barbecue. Très léger.

Autre appellation : thermopierre.

Conseils déco

- Le mortier-colle gris utilisé comme enduit de finition est une solution intéressante pour donner un aspect « faux béton ». Il peut être verni ou ciré pour assurer une meilleure tenue dans le temps et un entretien plus facile. Le mortier-colle blanc, quant à lui, peut être teinté à l'aide de pigments de couleur.
- Vous pouvez également poser de la faïence ou de la mosaïque directement sur le béton cellulaire.

À vous de jouer !

1 Le plan

- Dessinez au préalable le plan de votre cloison aux dimensions souhaitées, à l'échelle de 10 cm par mètre, sur un papier quadrillé tous les 5 mm.
- Notez bien toutes les mesures.

2 Les découpes

- Avant d'effectuer les découpes, tracez au crayon les traits de coupe en vous aidant d'une équerre et prolongez le traçage sur une face perpendiculaire afin de réaliser une découpe bien droite.
- Coupez le béton à la scie égoïne (voir les bons gestes page 11), puis poncez au papier de verre gros grain pour ajustage. Choisissez toujours le côté mesurant 20 cm pour la profondeur de la cloison et celui de 25 cm pour la hauteur (sauf pour le dernier rang dont les blocs feront 10 cm d'épaisseur).

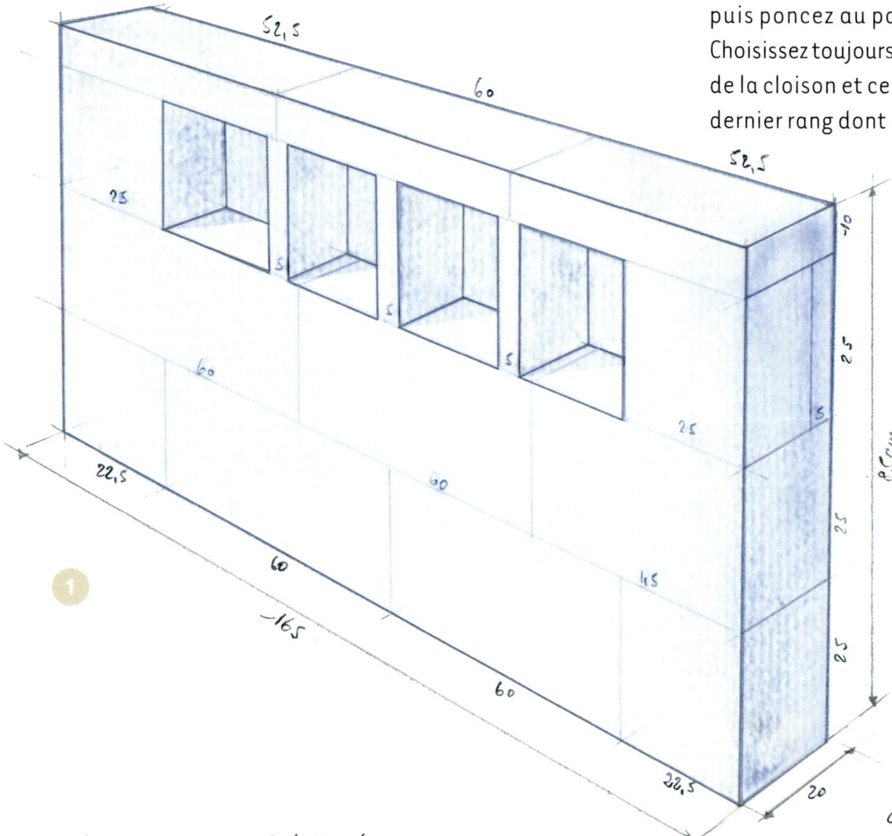

1

Bon à savoir

→ **Le béton cellulaire** fait beaucoup de poussière ; pour effectuer les découpes et le ponçage, installez-vous dans un endroit adéquat ou à l'extérieur.

→ **Si la cloison est montée** sur un sol carrelé, rayez le carrelage pour une meilleure adhérence.

tracer au crayon les traits de coupe

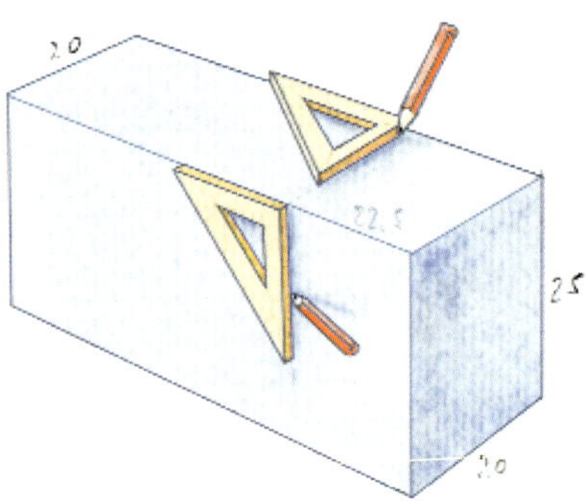

couper les différents blocs

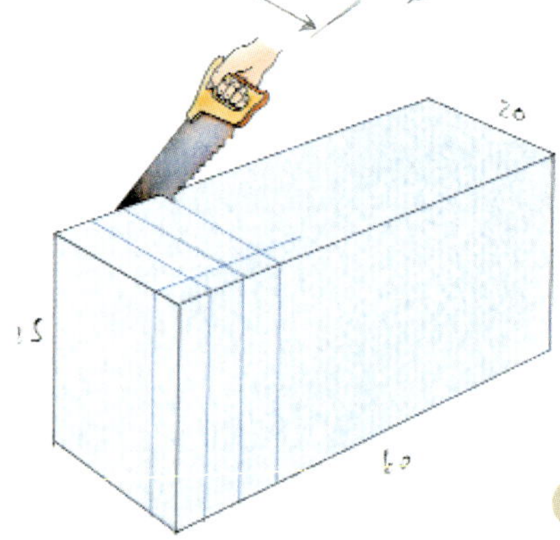

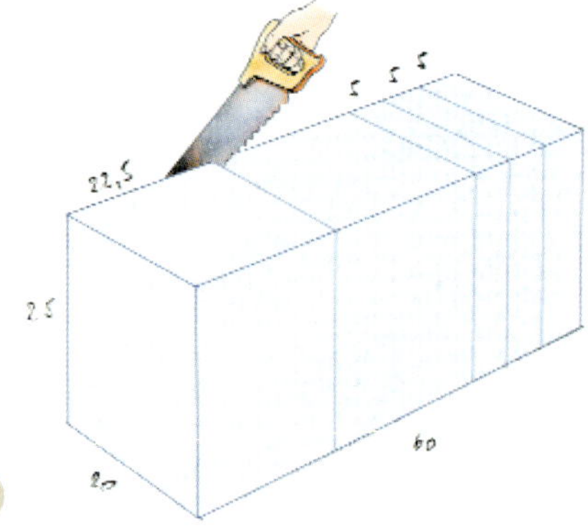

2

3

3 La pose du premier rang

- Après avoir nettoyé la surface et effectué le tracé au sol, préparez le mortier-colle selon les instructions du fabricant et étalez-le.
- Commencez par un bloc de 22,5 cm de long et disposez-le au mieux à l'aide du niveau à bulle et du maillet.
- Placez ensuite le deuxième et le troisième blocs entiers, de 60 cm de long chacun, après encollage d'un côté. Finissez le premier rang par un bloc de 22,5 cm de long.

Notre conseil *La cote du dernier bloc peut varier très légèrement en fonction de l'épaisseur de la colle. Ajustez votre découpe pour que la largeur totale de votre tête de lit soit de 165 cm.*

- Pressez bien chaque bloc contre le précédent et vérifiez l'alignement de ce premier rang dont dépend le reste de la réalisation.

Notre conseil *Éliminez le surplus de colle avant que celle-ci ne durcisse, en raclant la surface des blocs avec un couteau à enduire.*

Secrets et savoir-faire

→ **Il est important d'encoller** sur une surface propre, car la poussière nuirait à la bonne adhérence de la colle.

→ **Les joints sont toujours** montés en décalé : ils ne doivent pas être alignés pour éviter les risques de fissures. Idéalement, décalez-les d'un tiers de la longueur des blocs.

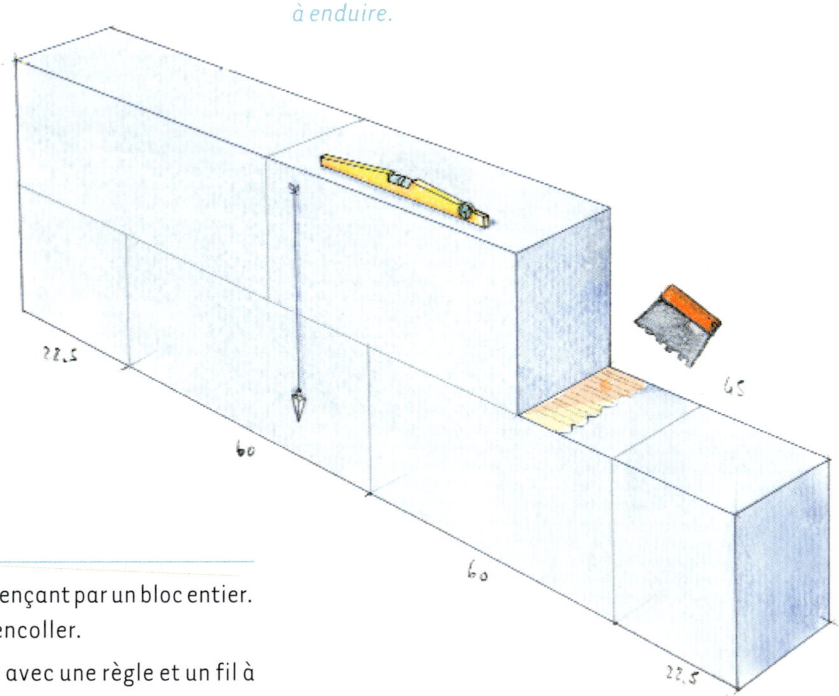

4

4 Le deuxième rang

- Montez le deuxième rang en commençant par un bloc entier. Dépoussiérez la surface avant d'encoller.
- Vérifiez l'alignement et l'aplomb avec une règle et un fil à plomb ou au niveau laser et ajustez à l'aide du maillet en caoutchouc. Enlevez le surplus de colle au couteau à enduire au fur et à mesure.
- Poursuivez avec un autre bloc entier et finissez le deuxième rang par un bloc de 45 cm de long. Vérifiez l'horizontalité à l'aide du niveau à bulle.

5 Le rang de niches

- Posez un bloc de 25 cm de long à chaque extrémité de l'ouvrage.
- Pour le fond des niches, posez deux blocs de 5 cm d'épaisseur et de 57,5 cm de large entre les précédents.
- Tracez à l'équerre les emplacements des séparations verticales de 5 cm, en laissant un espace de 25 cm pour chaque niche.
- Collez trois blocs de 5 cm d'épaisseur et 15 cm de profondeur à ces emplacements.

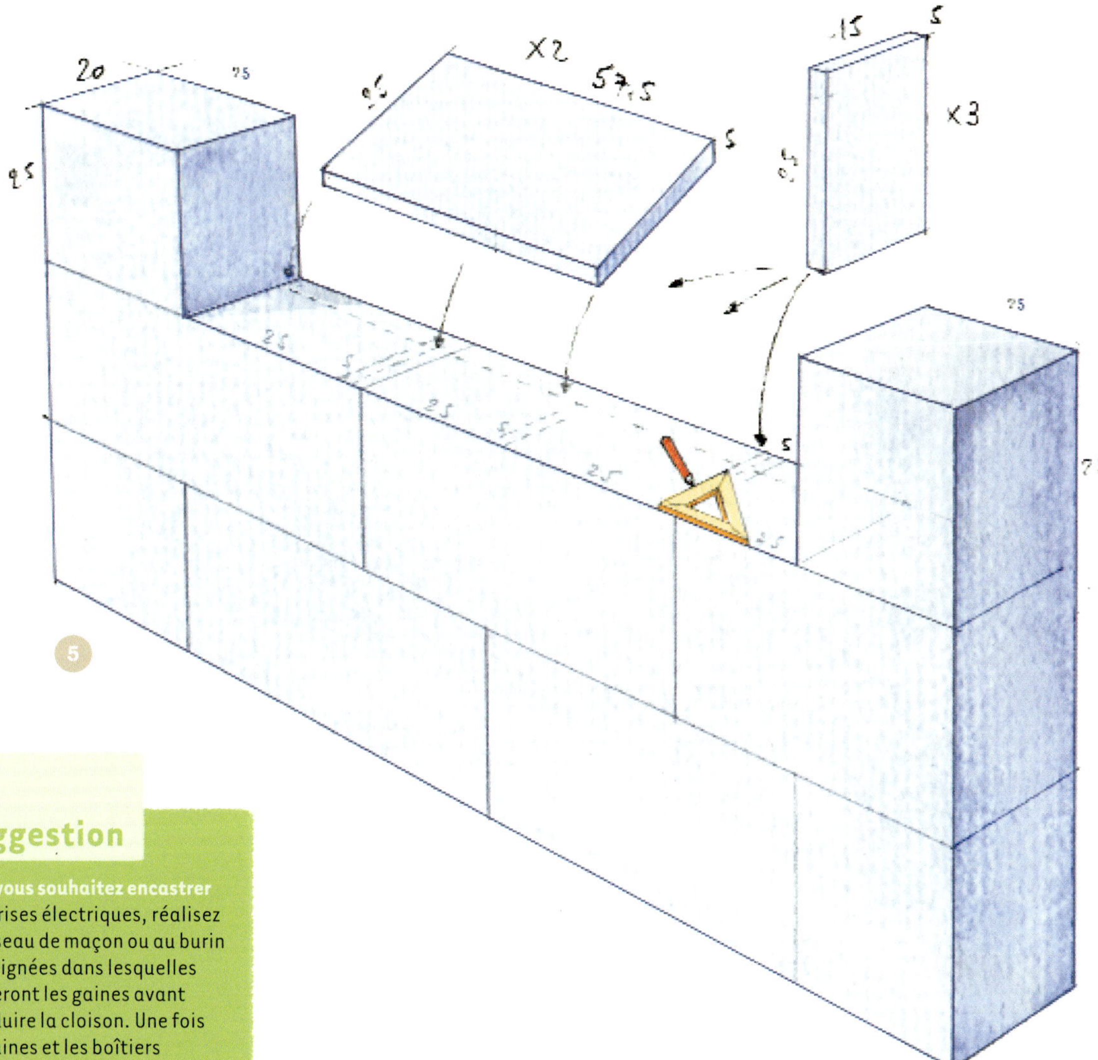

5

Suggestion

→ **Si vous souhaitez encastrer** des prises électriques, réalisez au ciseau de maçon ou au burin les saignées dans lesquelles passeront les gaines avant d'enduire la cloison. Une fois les gaines et les boîtiers en place, vous reboucherez au plâtre.

6

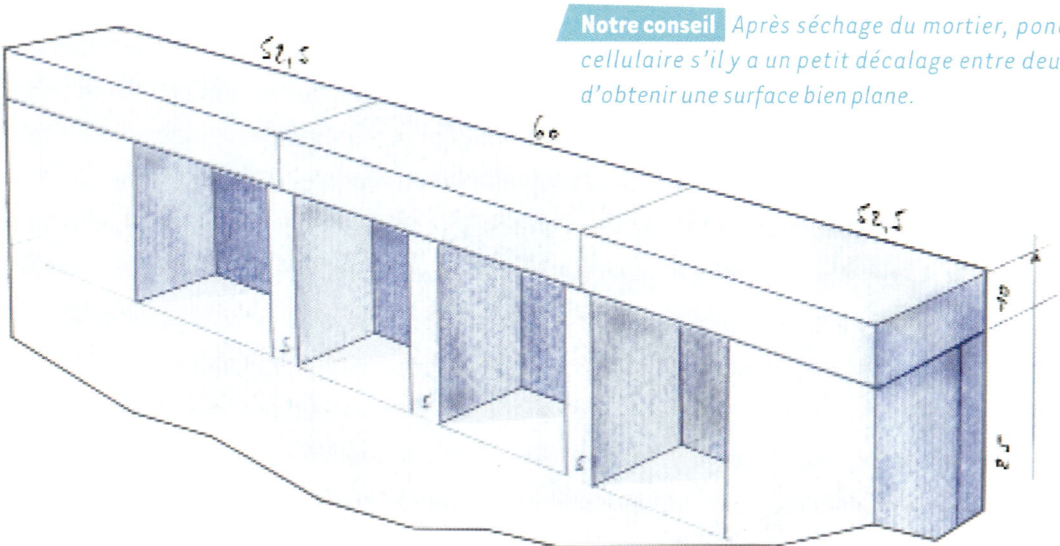

6 Le dernier rang

- Terminez le montage par un rang de 10 cm d'épaisseur : placez un bloc de 60 cm de long au centre et un bloc de 52,5 cm de long de part et d'autre.

Notre conseil *Après séchage du mortier, poncez le béton cellulaire s'il y a un petit décalage entre deux blocs afin d'obtenir une surface bien plane.*

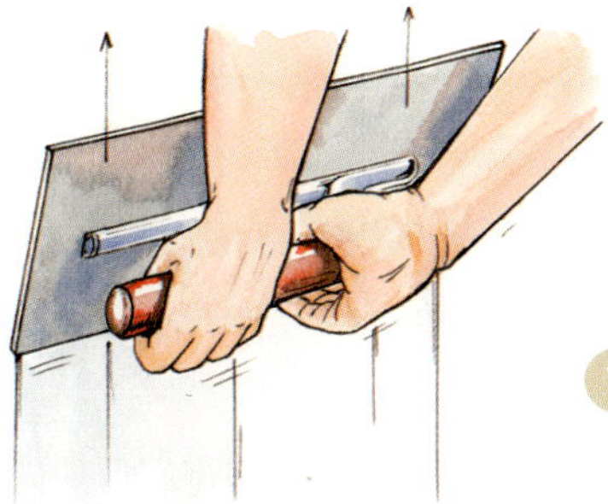

7

8

7 L'enduit

- À l'aide du platoir, passez une couche d'enduit de lissage, du bas vers le haut, en juxtaposant les passes. N'hésitez pas à repasser pour niveler les surépaisseurs (voir les bons gestes page 11).
- Laissez sécher 12 heures avant de poncer avec le papier de verre grain 80 et la cale à poncer.

Notre conseil *Pour appliquer l'enduit, chargez le platoir en y déposant l'enduit par plots, puis lissez par passes juxtaposées. Au fur et à mesure, raclez la semelle du platoir pour en ôter le surplus d'enduit, avec le couteau à enduire ou la truelle.*

8 La peinture

- Une fois la surface bien lisse, appliquez la peinture acrylique avec le pinceau à rechampir en commençant par les angles intérieurs des niches.
- Peignez ensuite la tête de lit au rouleau en ayant soin de croiser vos passes, d'abord verticalement, puis horizontalement et verticalement pour finir, sans recharger le rouleau entre ces trois phases (la dernière servant à lisser le travail).

Notre conseil *Si certains défauts apparaissent à la surface après la première couche de peinture, repassez une couche d'enduit sur les zones le nécessitant, poncez puis passez une seconde couche de peinture.*

Déclinaison 1

Vous pouvez utiliser votre cloison de séparation comme un meuble bar et y intégrer des rangements. Et si vous souhaitez fermer une niche par une porte, rien de plus simple !

La liste des courses

- blocs de béton cellulaire aux dimensions adaptées à votre projet
- planches de bois pour les portes (ici, du médium teinté et verni)
- teinte à bois
- fond dur
- vernis
- charnières pour porte rentrante
- colle néoprène

La boîte à outils

- les mêmes que pour la tête de lit (voir p. 4)
- perceuse et fraise de diamètre adapté à l'encastrement de la charnière
- tournevis
- spalter

Astuce !

Grandes surfaces de bricolage et petits négociants en bois vous découperont sur mesure portes, étagères... : gain de temps et précision assurés !

Un meuble bar

Réalisez votre structure en béton cellulaire selon la technique exposée pour la tête de lit.

- Après les finitions (enduit, peinture...), placez les portes et le plan du bar : découpez ou faites découper le plan et la porte aux dimensions souhaitées. Pour la (les) porte(s) prévoyez une marge de 5 mm (pour une ouverture de 40 x 40 cm, les dimensions de la porte seront de 39,5 x 39,5 cm).
- Teintez le bois au spalter avant d'appliquer une couche de fond dur pour le rendre moins poreux, puis passez deux couches de vernis, toujours avec le spalter.
- Montez les portes. Fixez les platines des charnières au béton cellulaire à l'aide de chevilles adaptées, après avoir repéré leur emplacement avec soin. À l'aide d'une fraise spéciale adaptable sur votre perceuse et dont le diamètre correspond à la charnière, préparez l'emplacement de la charnière puis encastrez la partie ronde de celle-ci sur la porte et vissez-la.
- Une fois le vernis sec, collez le plan du bar avec la colle néoprène.
- Il ne vous reste plus qu'à enclencher votre porte. Une vis de réglage permet d'ajuster la position de la porte.

Suggestions

→ **Pour plus de confort,** vous pouvez également poser un loqueteau magnétique en vissant une platine métallique à la porte, tandis que le mécanisme magnétique sera vissé sur le béton cellulaire, à côté de la niche.

→ **En guise de poignée,** percez simplement un trou d'un diamètre permettant de passer un doigt.

→ **Le médium est idéal** pour avoir une bonne finition peinte. Dans ce cas, appliquez une couche de fond dur avant la peinture.

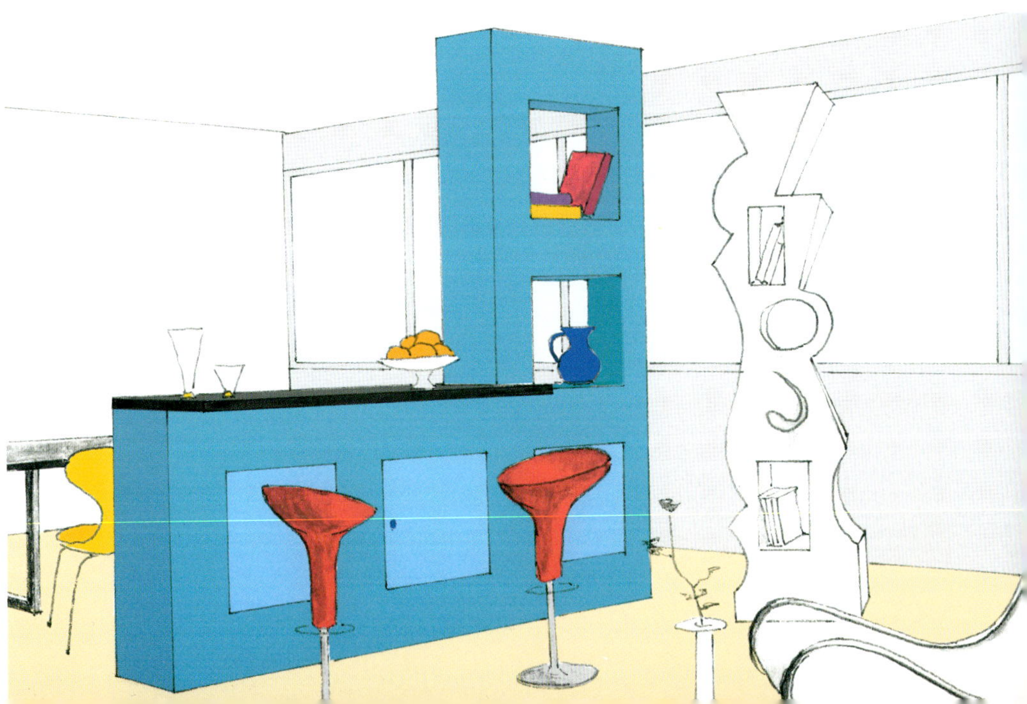

LES BONS GESTES

Scier le béton cellulaire

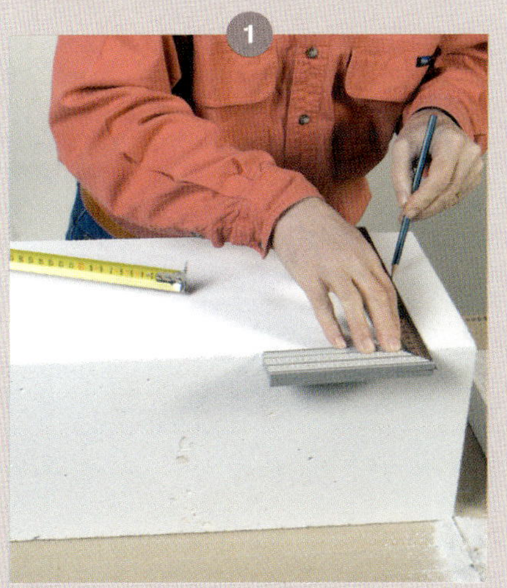

Tracer à l'aide d'une équerre.

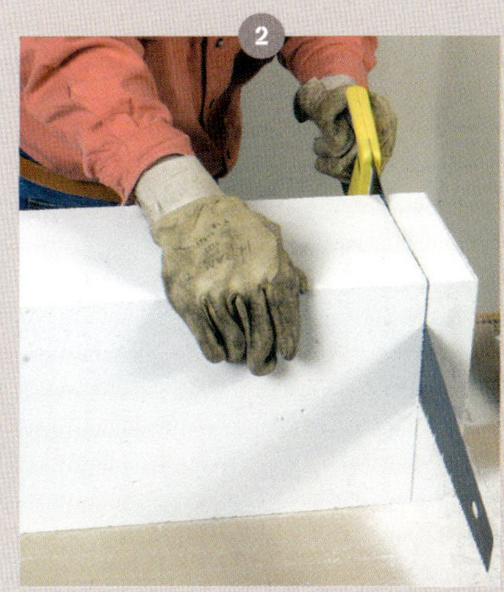

Découper à la scie spéciale béton cellulaire.

Achever la découpe doucement.

Enduire le béton cellulaire

Charger le platoir.

Protéger le sol et commencer à enduire le mur.

Lisser l'enduit.

Laisser l'enduit tirer avant de racler le surplus.

Poncer avec un grain fin.

Enduire et poncer à nouveau si besoin.

Déclinaison 2

Une cloison ajourée

Ingéniosité et robustesse caractérisent cette cloison qui vous permet de mettre en valeur de beaux objets tout en créant une séparation qui laisse passer la lumière.

Vous choisirez la finition en fonction du style de votre pièce et agrémenterez les tablettes en médium d'une des nombreuses teintes à bois disponibles dans le commerce.

- Après avoir tracé votre plan et décidé des mesures, vous monterez la cloison en suivant les mêmes instructions que pour la tête de lit. Pour une cloison de 175 cm de hauteur et 180 cm de largeur, commencez par un rang de trois blocs de 60 cm de long. Montez votre premier rang de niches en commençant par un bloc de 27,5 cm de long puis alternez les blocs et les niches de 25 cm de long chacun, pour finir par un bloc de 27,5 cm.
- Renouvelez cette opération en fonction de votre projet.
- Procédez ensuite à la finition de votre choix : enduit structuré (dit "à relief" ou "à effet matière") ou peinture.

Notre conseil *Pour vérifier le bon alignement des niches, utilisez un fil à plomb. Fixez-le avec une petite pointe sur le côté d'une niche et ajustez sa position avec le rang inférieur.*

- Pour teindre les tablettes en médium, appliquez une couche de teinte à bois, puis une couche de fond dur pour rendre le bois moins poreux, puis deux couches de vernis à l'aide du spalter.
- Enfin collez les tablettes en médium à l'intérieur des niches avec la colle néoprène.

La liste des courses

Pour une cloison de 180 cm de longueur et 175 cm de hauteur :

- 16 blocs de béton cellulaire (60 (L.) x 25 (H.) x 20 (ép.) cm) et tout ce qui est nécessaire à leur mise en œuvre
- enduit et finition de votre choix
- 9 tablettes en médium – épaisseur 19 mm
- teinte à bois ou peinture
- fond dur
- vernis à bois
- colle néoprène

La boîte à outils

- les mêmes que pour la tête de lit (voir p. 4)
- taloche et spatule pour une finition avec un enduit à relief comme le faux béton
- fil à plomb
- spalter

Une cloison pivotante en polycarbonate

Une cloison pivotante en polycarbonate*

transparence et espace

1 week-end | Bon marché | Facile

Les cloisons sur pivots sont un moyen assez inhabituel pour créer des séparations. Contrairement aux cloisons coulissantes qui, ouvertes, tendent à se faire oublier, ces cloisons font partie intégrante du décor qui devient mouvant : fermées, elles ont une surface plane qui divise le volume ; ouvertes, elle peuvent pivoter pour agrandir l'espace et ce, de manière très variable puisque chaque panneau est autonome. De l'ouverture la plus grande, en position perpendiculaire, à la position de départ, les possibilités sont nombreuses.

Dans cet espace baigné de lumière, on a choisi de préserver la beauté des volumes. La hauteur sous plafond étant importante, un cloisonnement plein aurait créé des espaces aux proportions moins harmonieuses. Le choix du polycarbonate est judicieux car sa structure striée trouble la vue de l'espace situé derrière les panneaux tout en laissant passer la lumière et les couleurs.

Il est intéressant d'utiliser les panneaux en position oblique : cela permet, en fonction de l'angle choisi, de cacher certains points de vue et d'en favoriser d'autres. Enfin, sa légèreté facilite la réalisation de panneaux de grande hauteur, avec un système de pivot simple.

La liste des courses

Pour des panneaux de 98,3 x 288,3 cm et une cloison de 296,9 x 288,3 cm :

- 3 plaques de polycarbonate alvéolaire translucide – épaisseur 16 mm, dimensions 98 x 400 cm
- 8 profilés aluminium en U – épaisseur 1,5 mm, cotes intérieures 16 x 16 x 16 mm, longueur 3 m
- 6 profilés aluminium plats – ép. 2 mm x 16 mm, longueur 4 m
- 3 paires de pivots hauts et bas
- 90 boulons et écrous correspondants – diamètre 4 mm, longueur 24 mm
- vis à tôle (diamètre en fonction du système de platine)
- vis et chevilles adaptées à la structure du sol et du plafond
- adhésif de masquage

La boîte à outils

- scie sauteuse – jeu de lames plastique, bois tendre et métaux
- perceuse – forets métaux
- lime à métaux
- tournevis
- 1 clé à pipe de 8
- 1 clé plate de 8
- fil à plomb (ou niveau laser)
- mètre
- feutre noir fin
- serre-joints
- tasseau

* Le saviez-vous ?

Polycarbonate

Matière plastique très transparente découverte en 1953, est 250 fois plus résistant que le verre. Sa résistance thermique permet une utilisation jusqu'à 120 °C.

Grâce à ces propriétés, il est utilisé pour fabriquer des DVD, des casques de moto ou du matériel médical.

Conseils déco

- Les profilés utilisés pour assembler les panneaux de polycarbonate existent en différentes finitions (aluminium, plastiques transparents...) et sont distribués par les mêmes fournisseurs que le polycarbonate.
- En plaques translucides ou blanc diffusant, de 4 mm à 32 mm d'épaisseur, le polycarbonate est un matériau facile à travailler pour fabriquer des claustras, des paravents, des étagères... Également parfait à poser en couverture de véranda.

À vous de jouer !

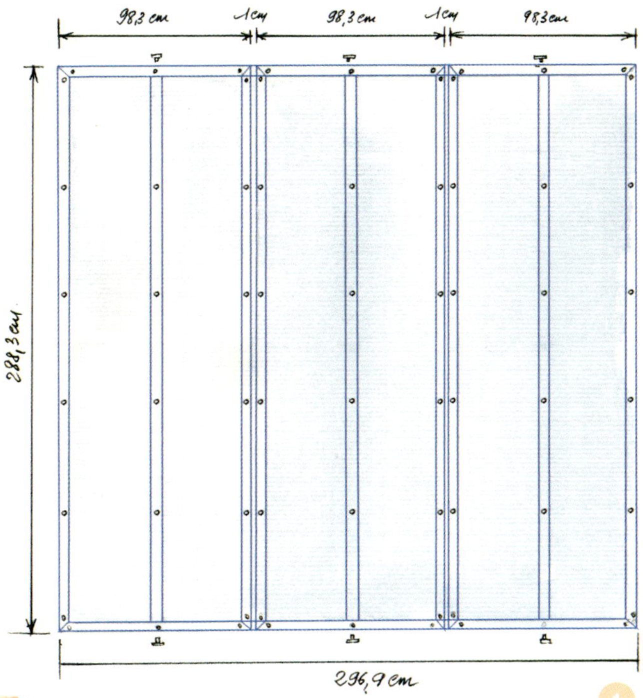

1

1 Le plan

- Dessinez au préalable l'élévation (vue de face) de votre cloison aux dimensions souhaitées, à l'échelle de 10 cm par mètre, sur un papier quadrillé tous les 5 mm. Prévoyez un petit jeu de 1 cm entre les panneaux, ainsi qu'en hauteur pour compenser d'éventuelles différences de hauteur entre sol et plafond. Pour une hauteur de 290 cm sous plafond, nous couperons les panneaux à 288 cm de haut.
- Notez bien toutes les mesures.

Notre conseil *Prenez les mesures sol/plafond en différents endroits et basez-vous sur la cote la plus petite.*

2

2 Les découpes des panneaux

- Tenez compte de l'épaisseur des profilés en U pour calculer les dimensions de vos panneaux. Mesurez puis tracez votre repère de coupe sur le panneau avec un feutre noir fin, et enfin fixez dessus, à l'aide de serre-joints, un tasseau qui vous servira de guide de coupe.
- Suivez le guide, et effectuez les découpes à la scie sauteuse avec une lame pour plastique et bois tendre.

Notre conseil *Tenez compte de la largeur de la semelle de la scie sauteuse pour positionner votre guide. Placez des cales en bois entre le panneau et les serre-joints pour protéger la plaque de polycarbonate (laissez les films de protection des plaques ; décollez uniquement un petit coin avant de boulonner, afin de l'ôter plus facilement après la pose).*

3 Les découpes des profilés

- Pour chaque panneau, préparez un encadrement constitué de 4 profilés en U coupés à 45°. Puis préparez 4 profilés plats : 2 de la hauteur des panneaux moins la largeur des profilés hauts et bas, 2 de la largeur des panneaux moins la largeur des profilés latéraux (gauche et droit).
- Pour couper les profilés, munissez la scie sauteuse d'une lame à métal et maintenez le profilé avec des serre-joints.

Notre conseil *Lubrifiez la lame pour faciliter la coupe. Pour adoucir les angles coupants, passez une lime à métaux sur les découpes.*

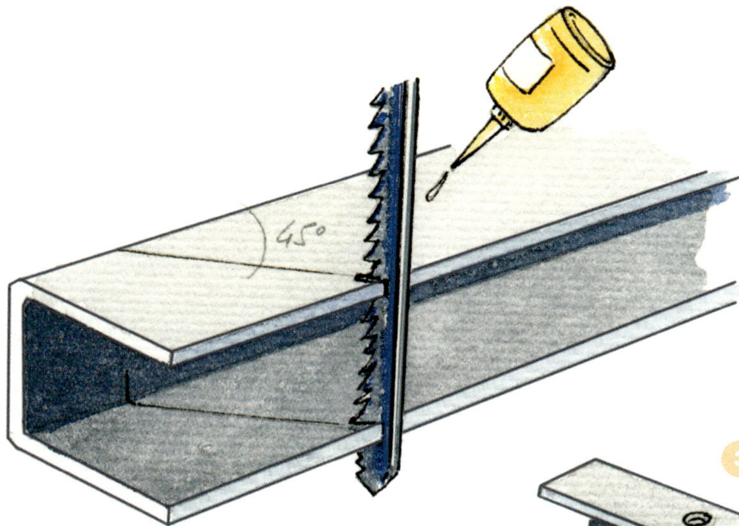

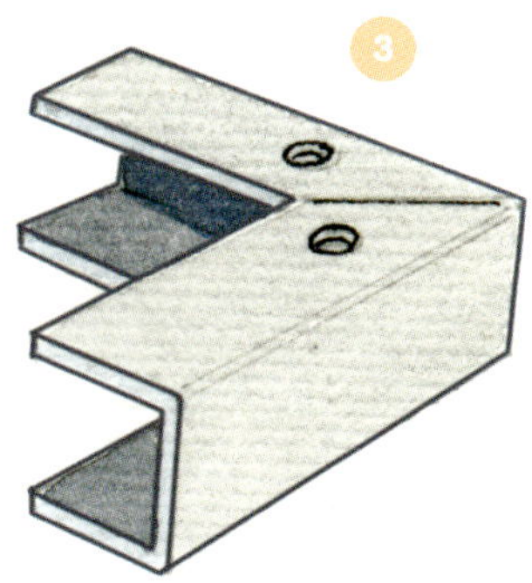

Bon à savoir

→ **Les pivots utilisés se trouvent** dans les quincailleries spécialisées pour le bâtiment. Pour choisir le système le plus adapté, demandez conseil en fonction de la dimension et du poids des panneaux.

→ **Il ne faut pas utiliser** de solvants ni d'eau savonneuse pour nettoyer le polycarbonate, mais un produit pour les vitres.

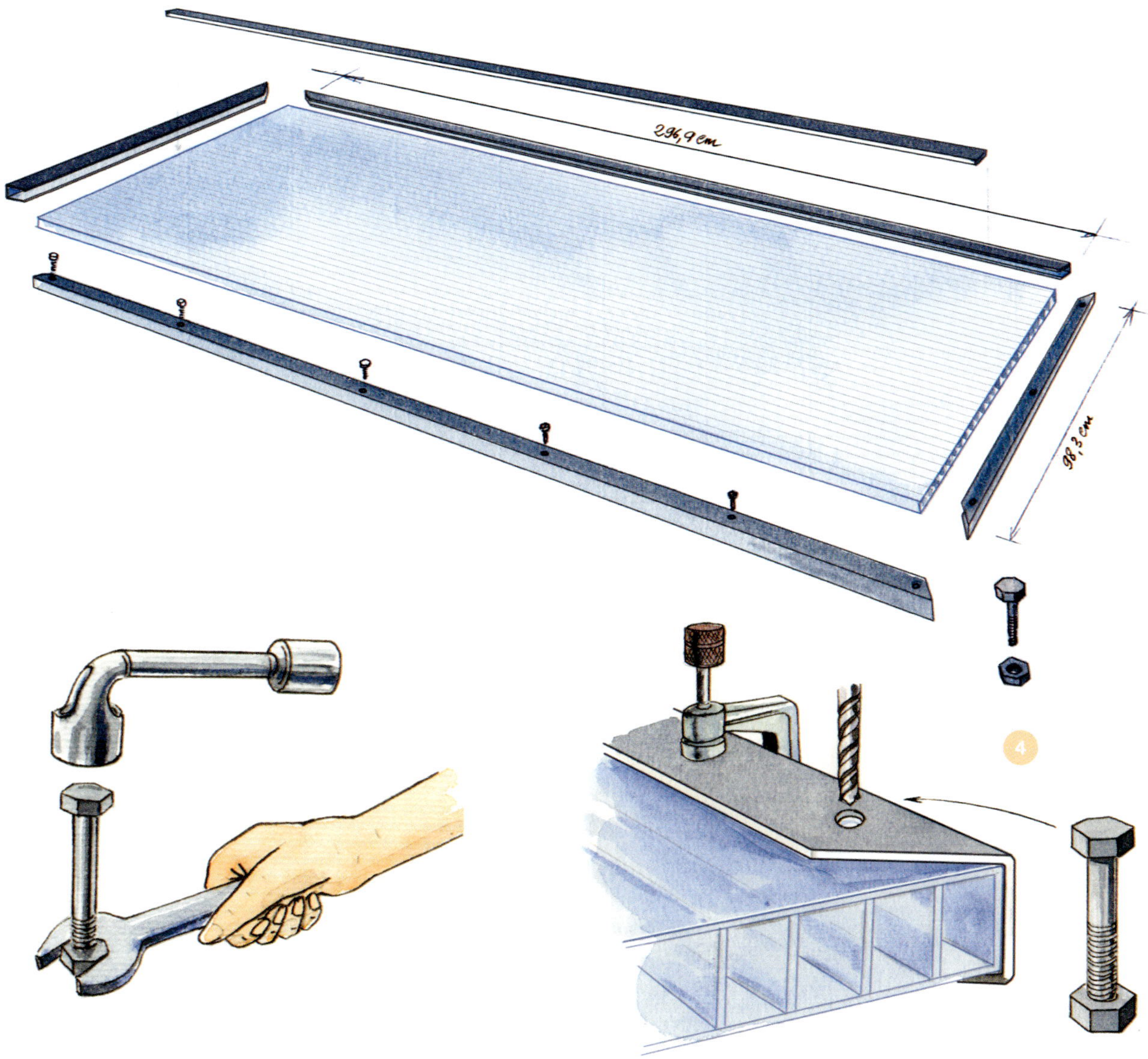

4 L'assemblage des panneaux

- Placez le premier profilé en U sur un panneau et maintenez-le en place à l'aide de deux serre-joints.
- Après avoir repéré les emplacements des boulons tous les 57 cm environ, percez le profilé et la plaque alvéolaire avec un foret à métaux de diamètre 4 mm.
- Serrez le premier boulon en utilisant une clé à pipe et une clé plate. Répétez l'opération sur toute la longueur, puis sur les autres côtés du cadre.
- Pour finir, positionnez les profilés plats centraux et horizontaux de part et d'autre de chaque plaque, en les maintenant avec les serre-joints. Percez de part en part à espacement régulier et boulonnez.

Notre conseil *Pour que la mèche de la perceuse ne dérape pas sur le métal, collez de l'adhésif de masquage avant de tracer votre repère.*

5 La fixation des pivots

• Percez les trous nécessaires à la fixation des pivots sur les panneaux au centre de chaque montant horizontal et fixez les platines hautes et basses de chaque panneau avec les vis à tôle, en suivant la notice de montage du fabricant.

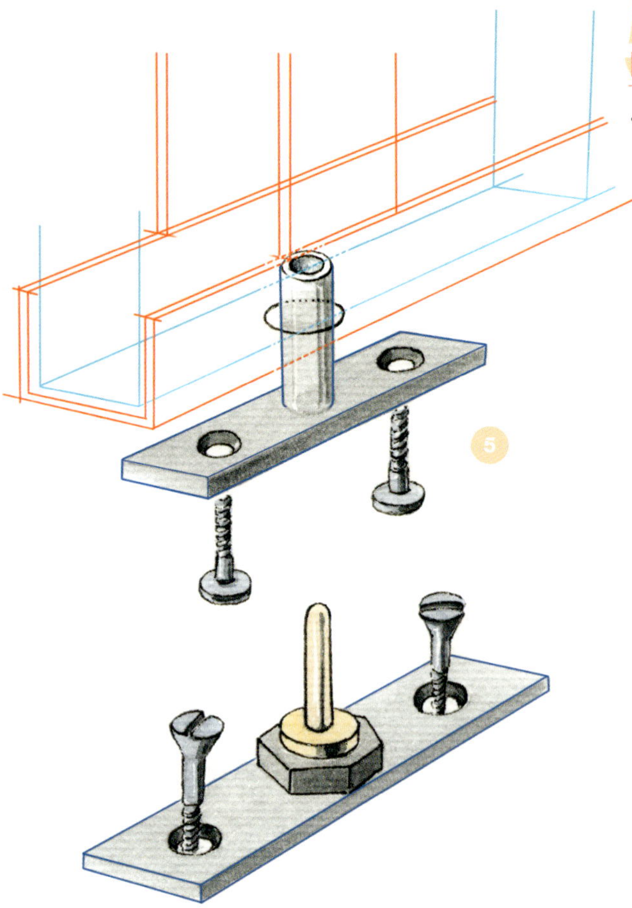

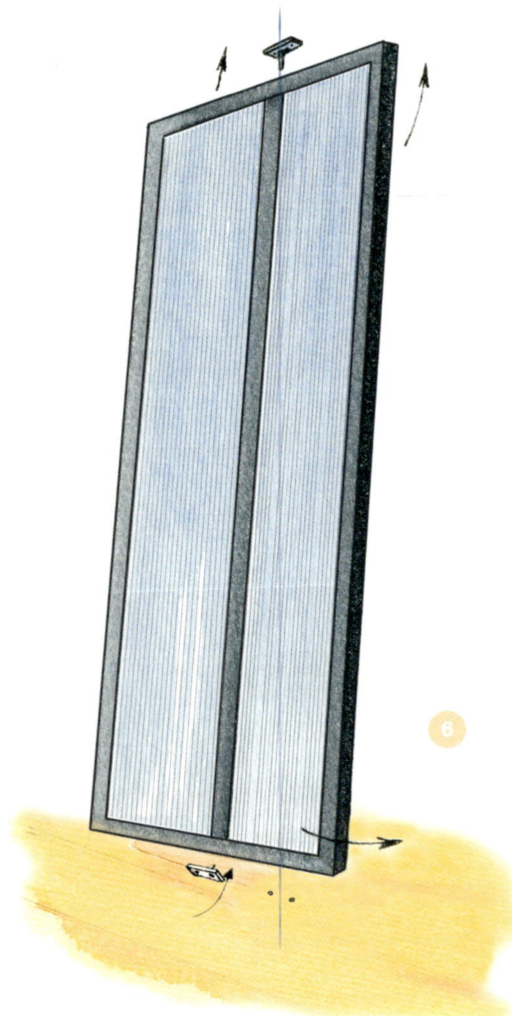

6 La fixation au sol et au plafond

• Repérez au sol les centres de chaque panneau et, à l'aide du fil à plomb, tracez leurs projections au plafond. Effectuez les perçages au sol et au plafond, puis fixez les platines au plafond avec les vis et les chevilles adaptées à sa nature. Les platines du sol ne seront fixées qu'en dernier.

• Mettez le panneau en place en l'inclinant pour l'enclencher dans l'ergot de la fixation du plafond, maintenez la fixation du sol dans son logement et positionnez votre panneau à la verticale. Faites pivoter le panneau et vissez la platine au sol.

• Répétez l'opération pour les autres panneaux.

Déclinaison

Quel que soit le matériau utilisé pour réaliser le panneau, le principe du pivot permet des installations hors du commun sans pour autant être difficile à mettre en œuvre.

La liste des courses

- 2 portes planes à structure alvéolaire de 93 (l.) x 204 (H.) cm x 40 mm (ép.)
- 2 tasseaux – section 40 x 22 mm, longueur 2 m
- tourillons – diamètre 10 mm, longueur 50 mm
- colle à bois vinylique
- pivot haut et bas
- vis agglo
- vis et chevilles (sol et plafond)
- sous-couche et peinture acrylique

La boîte à outils

- les mêmes que pour la cloison pivotante (voir p. 14)
- mèche hélicoïdale 10 mm
- gabarit de perçage
- marteau
- rouleau et brosse plate

Astuce !

Il n'est pas indispensable d'acheter un gabarit de perçage ; vous pouvez le confectionner, en faisant preuve d'une grande précision, car les trous doivent être exactement symétriques sur les deux panneaux à assembler.

Une porte géante

Le temps de préparation du panneau est variable selon sa finition. Pour la pose des pivots, reportez-vous aux conseils donnés pour la cloison pivotante en polycarbonate.

- Utilisez un gabarit de perçage et percez avec une mèche de 10 mm, sur l'un des chants de chacune des portes, des trous de 30 mm de profondeur tous les 10 cm.
- Encollez les tourillons avant de les introduire dans leurs logements, puis encollez les chants et assemblez les deux portes.
- Maintenez l'assemblage à l'aide de serre-joints et vissez un tasseau de 186 cm sur les chants supérieur et inférieur du panneau pour solidariser l'ensemble.
- Fixez sur le panneau les pièces des pivots haut et bas au niveau de l'axe choisi, à la même distance du bord du panneau en haut et en bas.
- Appliquez la finition sur votre panneau, ici de la peinture acrylique.
- Mesurez avec soin l'emplacement de votre panneau au sol et repérez l'axe du pivot puis, avec le fil à plomb, tracez sa symétrie au plafond.
- Fixez la platine au plafond avec les chevilles et les vis adaptées, et procédez à la mise en place du panneau avant de fixer la platine inférieure, toujours en adaptant les chevilles et les vis au support.

Suggestions

→ **Vous pouvez poser** des poignées de part et d'autre du panneau pour en faciliter la manipulation.

→ **N'hésitez pas à peindre** votre panneau avec différentes couleurs et à composer ainsi un véritable tableau.

Une séparation en carreaux de plâtre* et en verre

intimité et luminosité

1 week-end | un peu cher | Initié

Séparer une pièce en deux n'est pas toujours facile, et la tâche se complique encore dès lors que l'on doit préserver un peu de lumière et ne pas trop réduire l'espace... Des solutions à la fois élégantes et pratiques existent.

Pour répondre à un besoin d'intimité sans donner une impression d'étouffement, le parti pris a été ici de créer une séparation s'arrêtant avant le plafond et de diffuser un peu de lumière en utilisant des carreaux de verre.

Le volume total de la pièce est conservé grâce aux espaces laissés libres sous le plafond et à droite de la cloison. Cette impression de profondeur contribue à la réussite de l'aménagement.

La mise en œuvre traditionnelle des briques de verre est délicate, mais il existe aujourd'hui des systèmes modulaires qui permettent de monter une cloison de grande dimension avec beaucoup de facilité.

Quant aux carreaux de plâtre, leur assemblage par rainures et languettes vous rappellera davantage les jeux de construction de votre enfance que de classiques et fastidieux travaux de maçonnerie.

Laissez-vous tenter !

La liste des courses

Pour une cloison de 220 cm de longueur et 250 cm de hauteur :

- 20 briques de verre de 19,2 x 19,2 x 8 (ép.) cm
- 2 montants en bois (pour l'assemblage des briques de verre) – longueur 3 m
- mastic colle polyuréthane – 500 ml
- 18 carreaux de plâtre creux et hydrofuges de 66 x 50 x 7 (ép.) cm
- bande à joint et bande armée – 20 m
- mortier-colle pour joints hydrofuges – 5 kg
- colle à carreaux de plâtre, spéciale carreaux hydrofuges – 1 kg/m^2
- enduit de lissage – 7 kg
- tasseaux
- cales en bois biseautées
- vis et chevilles
- papier de verre gros grain et grain 80
- peinture acrylique satinée blanc cassé

La boîte à outils

- scie à grosse denture
- scie égoïne à denture fine ou scie sauteuse
- perceuse
- tournevis
- serre-joints
- maillet en caoutchouc
- niveau à bulle (ou niveau laser)
- fil à plomb (ou niveau laser)
- règle de maçon (une planche droite et bien plate fera l'affaire)
- auge ou seau
- 2 couteaux à enduire
- truelle
- cale à poncer
- pinceau à rechampir
- rouleau antigoutte
- bac à peinture
- grille métallique
- adhésif de masquage

*Le saviez-vous ?

Carreaux de plâtre

Ils existent en différentes épaisseurs, de 40 à 100 mm, pleins ou creux (afin de réduire la charge), standards ou hydrofuges (pour les pièces humides). Il est recommandé en prévention d'éventuelles inondations de réaliser la première rangée de toutes les cloisons avec des carreaux hydrofuges.

Conseils déco

- Il existe un vaste choix de couleurs et de finitions pour les briques de verre : ondulées, granitées, striées... pensez à la finition lisse en verre dépoli, simple et particulièrement élégante.
- Côté salle de bains, la cloison peut être carrelée. Employez un carrelage dont les joints s'aligneront sur les dimensions des briques de verre pour éviter des découpes disgracieuses (n'oubliez pas de tenir compte de l'épaisseur des joints).

À vous de jouer !

1 Le plan

- Dessinez le plan de votre cloison (vue de face) aux dimensions souhaitées, à l'échelle de 10 cm par mètre, sur un papier quadrillé tous les 5 mm.
- Notez bien toutes les mesures.

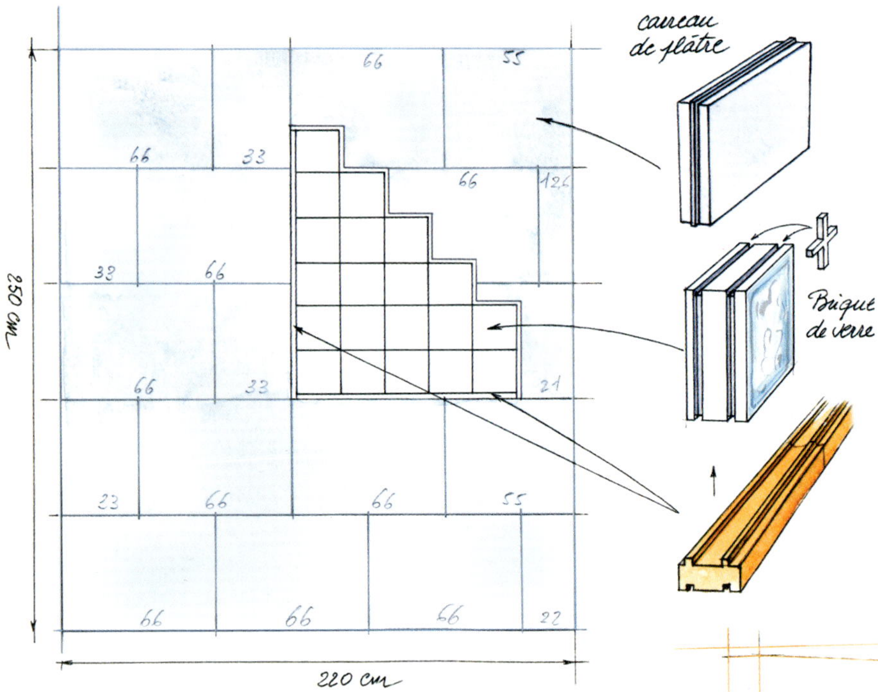

1

Bon à savoir

→ La dimension maximale pour une cloison en carreaux de plâtre de 7 cm d'épaisseur est de 3 m de haut par 6 m de long ; au-delà, il vous faudra placer un poteau raidisseur pour maintenir la structure. Renseignez-vous en fonction de l'ouvrage.

→ Les carreaux de plâtre peuvent être collés directement au sol, sur une chape, sur du carrelage ou du parquet. Mais pour limiter le risque de fissures, vissez au sol une semelle en bois de la largeur de la cloison, sur laquelle vous poserez les carreaux.

2 La préparation

- Tracez au sol et sur le mur latéral l'emplacement de la cloison avec son épaisseur de 7 cm.
- Fixez un tasseau à l'aide de petites cales en bois biseautées sur le mur latéral, qui vous servira de guide lors de la pose des carreaux.

Notre conseil *Sur un mur brut, collez directement les carreaux de plâtre, mais sur un mur enduit, piquetez le mur ou grattez-le s'il s'agit de plaques de plâtre.*

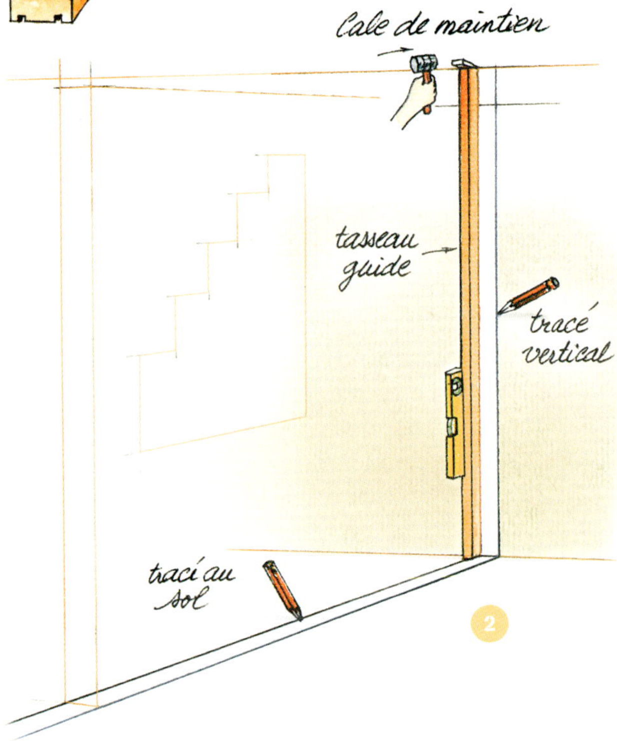

2

3 Le premier rang

- Après avoir dépoussiéré le sol, commencez par un carreau entier : appliquez la colle à carreaux (préparée selon les instructions du fabricant) avec la truelle (côté rainure) sur le bas et le chant du premier carreau.

Notre conseil *Maintenez le premier carreau de chaque rang contre le tasseau guide à l'aide d'un serre-joints.*

- Terminez le premier rang en appliquant la colle toujours sur le bas et le chant de chaque carreau. À l'aide du maillet, pressez bien chaque bloc contre le précédent et vérifiez l'alignement de ce premier rang avec la règle et le niveau à bulle (ou le niveau laser). C'est de cet alignement dont dépend le reste de la réalisation. Au besoin, insérez des petites cales biseautées pour assurer la parfaite horizontalité du socle (elles seront retirées lorsque la colle sera sèche).

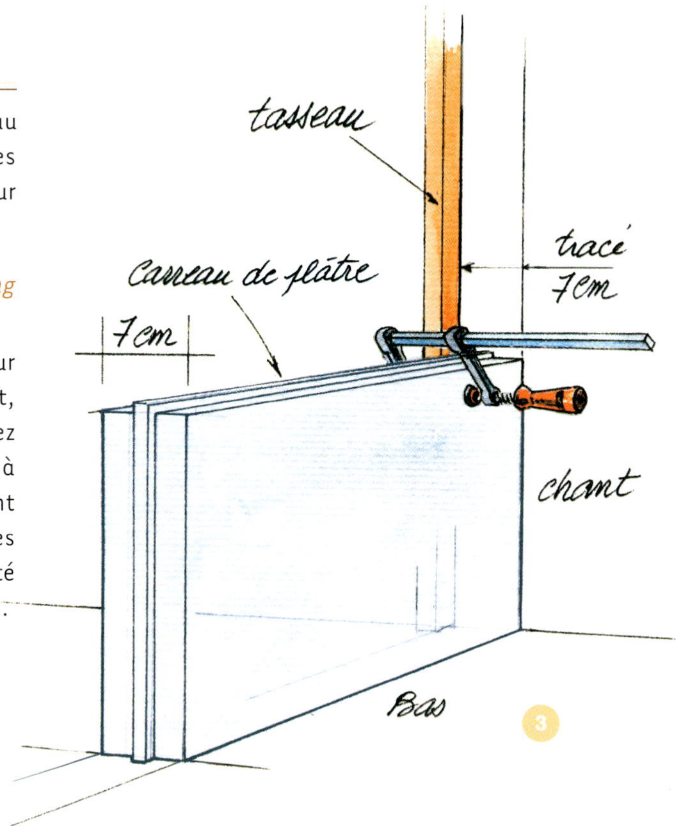

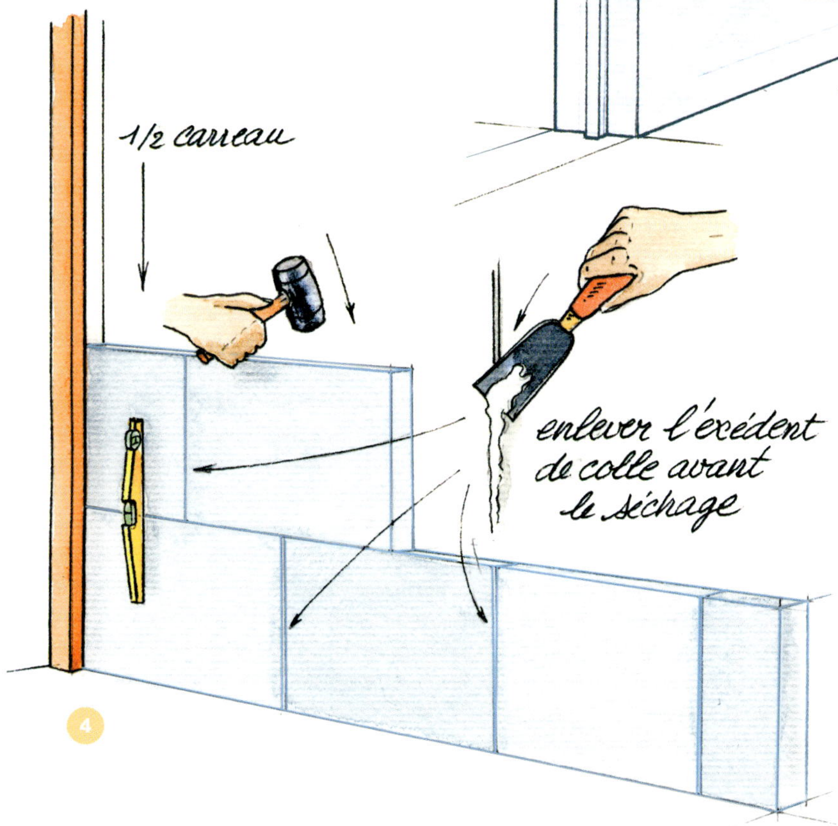

4 Le deuxième rang

- Pour débuter le deuxième rang, coupez un carreau en deux à la scie à grosse denture, afin de décaler les joints verticaux, puis continuez la pose avec des carreaux entiers.
- Découpez le dernier carreau de la rangée, en fonction des dimensions de votre réalisation.

Notre conseil *Éliminez le surplus de colle avant que celle-ci ne durcisse, en raclant la surface avec un couteau à enduire.*

- Terminez la rangée en contrôlant la verticalité et l'alignement régulièrement avec un fil à plomb.

5 Les montants

- Continuez à monter la cloison en carreaux de plâtre sur trois carreaux de haut et un carreau et demi de large, en décalant les joints verticaux ; arrêtez-vous avant le panneau de briques de verre. Pour cela, coupez les derniers carreaux de chaque rang à la mesure adéquate, au fur et à mesure de l'avancement.
- Posez les montants horizontal et vertical sur les carreaux de plâtre. Assemblez, sans les coller, les briques de verre du premier rang pour déterminer le trait de coupe du montant horizontal. Faites de même pour le montant vertical et retirez les briques.
- Coupez les montants avec la scie sauteuse et vissez-les aux carreaux de plâtre, avec des chevilles adaptées au support, au ras de la face de la cloison côté chambre, en débordement côté salle de bains. Le carrelage rattrapera l'épaisseur des briques de verre.

Notre conseil *Pour la fixation des montants, prévoyez des vis tous les 50 cm environ et, avant de les fixer aux carreaux de plâtre, encollez les montants avec le mastic colle polyuréthane.*

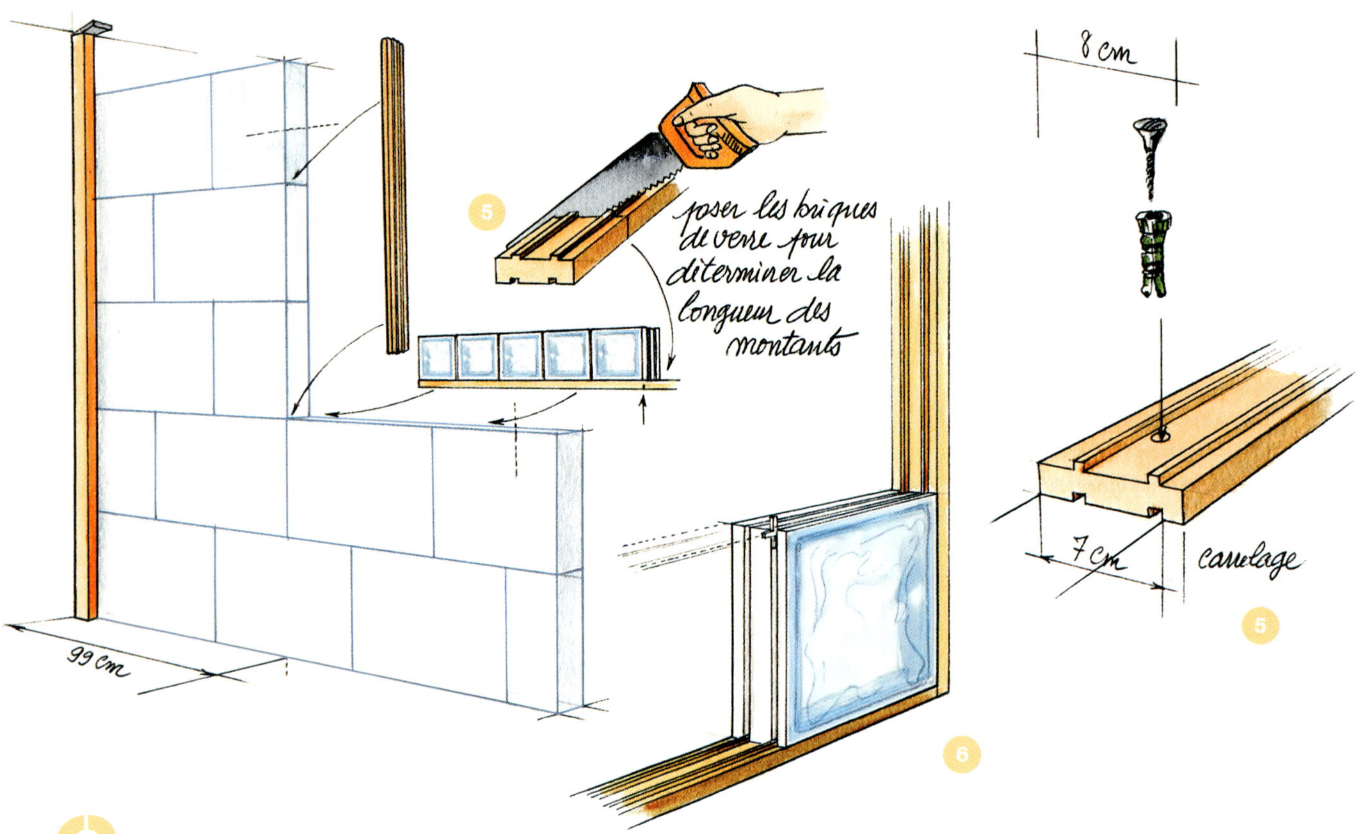

6 Les briques de verres

- Encollez le côté et le dessous de la première brique de verre avec le mastic colle polyuréthane et emboîtez-la sur l'angle. Utilisez un maillet en caoutchouc pour encastrer correctement la brique. Insérez dans les rainures deux croisillons, fournis avec les briques, qui assureront le bon alignement. Autre système : les croisillons peuvent être remplacés par des profilés (voir les bons gestes page 27).
- Réalisez ainsi les deux premiers rangs avec cinq briques, le troisième avec quatre briques, puis trois, deux, et une seule en haut (voir les bons gestes page 27).
- Découpez et collez des montants pour les finitions latérales et horizontales de chaque brique.

7 Les derniers carreaux

• Terminez le montage de la cloison en carreaux de plâtre en suivant les découpes des briques de verre. Pour couper un carreau en L, sciez en suivant le tracé jusqu'au trait de coupe perpendiculaire, tournez le carreau d'un quart de tour et sciez le deuxième côté.

• Avec la colle à carreaux, collez de la bande à joint pliée (voir les bons gestes page 28) dans les angles rentrants, à la jonction du mur et de la cloison. Puis collez de la bande armée, pliée également, sur les angles saillants, à l'extrémité et en haut de la cloison.

• Préparez l'enduit de lissage conformément aux instructions du fabricant, faites pénétrer la pâte dans les joints avec un couteau à enduire, puis lissez en raclant la surface (voir les bons gestes page 29). Enduisez également les bandes.

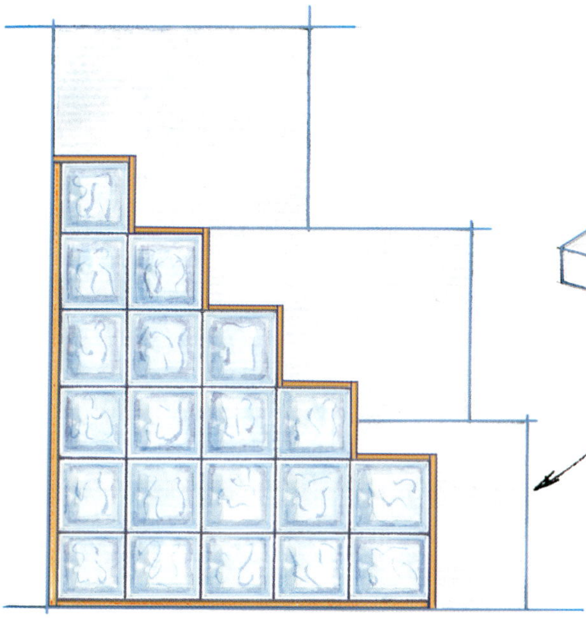

8 Les joints des briques de verre

- Il est préférable d'attendre 24 heures avant de réaliser au mortier les joints des briques de verre. Comme toujours, respectez les consignes du fabricant pour gâcher le mortier et remplissez les joints avec un couteau à enduire pour arriver au ras des briques.
- Lorsque le mortier commence à prendre, mais avant qu'il ne durcisse, passez une éponge humide sur la surface des briques pour enlever l'excédent de mortier.

Notre conseil *Une fois le mortier bien sec, nettoyez les briques avec un chiffon imprégné de vinaigre blanc.*

Suggestion

→ **La cloison peut être** montée intégralement en briques de verre ; pour la finition de la partie haute et des côtés, collez un profilé de finition en U, en aluminium par exemple.

9 Les finitions

- Poncez l'enduit sur les bandes à joints et les carreaux de plâtres, avec un papier de verre grain 80.
- Collez de l'adhésif de masquage à la périphérie des briques de verre pour les protéger.
- Avec le pinceau à rechampir, appliquez la peinture acrylique dans les angles. Peignez ensuite au rouleau la cloison en carreaux de plâtre.

Notre conseil *Enlevez immédiatement l'adhésif de masquage sans attendre le séchage de la peinture.*

Secrets et savoir-faire

→ **Posez les carreaux de plâtre** en décalant les joints pour éviter les fissures. Commencez le premier rang par un carreau entier, débutez le second par un demi-carreau, le rang suivant par un carreau entier et ainsi de suite, en alternant. Le décalage doit être supérieur à trois fois l'épaisseur du carreau (soit supérieur à 21 cm pour des carreaux de 7 cm).

LES BONS GESTES

Poser des briques de verre (Autre système : les croisillons sont remplacés par des profilés.)

1

Visser le cadre sur les carreaux de plâtre.

2

Poser le premier rang de briques de verre.

3

Insérer verticalement un profilé entre chaque brique.

4

Poser un profilé horizontal pour séparer deux rangs de briques.

5

Poser un deuxième rang de briques.

6

Renouveler les opérations jusqu'à la dernière brique.

LES BONS GESTES

Coller de la bande armée pour protéger les angles

1

Appliquer de l'enduit.

2

Poser la bande pliée.

3

Recouvrir d'enduit l'un des côtés.

4

Recouvrir d'enduit l'autre côté.

5

Lisser l'enduit d'un côté.

6

Lisser l'enduit de l'autre côté.

Enduire les joints

1

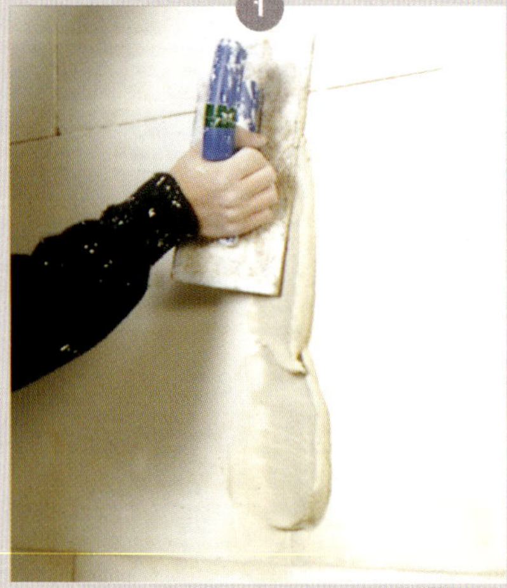

Appliquer l'enduit.

2

Lisser l'enduit.

3

Racler le surplus.

Réaliser le jointoiement des briques de verre

Appliquer le mortier-colle hydrofuge sur les briques de verre.

Remplir tous les interstices de mortier-colle.

Avant que le mortier ne sèche, nettoyer les briques à l'eau avec une éponge.

Rincer l'éponge régulièrement.

Passer également l'éponge sur les joints.

Laisser sécher, puis nettoyer les briques de verre avec un chiffon doux.

Une cabane en panneaux alvéolaires*

fantaisie et gain de place

2 week-ends | Un peu cher | Expérimenté

La liste des courses

- 3 panneaux alvéolaires de 250 (H.) x 120 (l.) x 5 (ép.) cm
- 5 clavettes de jonction
- bande à joint – 20 m
- enduit de lissage – 7 kg
- 4 chevrons – section 60 x 80 mm, L. 1,80 m
- 8 lambourdes (chevrons) – section 40 x 40 mm, L. 2 m
- 9 tasseaux – section 24 x 28 mm, L. 3 m
- 32 balustres (toiture) – 98 (H.) x 9,5 (l.) cm
- 6 lames universelles (porte) – 200 (H.) cm x 20 (l.) cm
- 2 panneaux de particules (planchers) – 204 (H.) x 92 (l.) cm
- 10 équerres métalliques
- 2 gonds
- 2 boutons de porte en bois
- 100 vis autoforeuses
- assortiment de vis agglo
- chevilles (murs)
- pointes tête homme 70 mm
- sous-couche d'impression « spécial plaque de plâtre »
- crépi d'intérieur

La boîte à outils

- scie sauteuse
- perceuse
- visseuse
- marteau
- chasse-clou
- maillet
- tournevis
- niveau à bulle (ou niveau laser)
- règle (pour couper droit au cutter)
- équerre (graduée)
- mètre
- 2 couteaux à enduire
- cutter
- rouleau à crépi en mousse
- bac à peinture
- grille métallique

Créer une mezzanine est souvent la solution la plus efficace pour optimiser l'espace, plus encore dans une chambre d'enfant, même si celle-ci possède une hauteur sous plafond standard.

En effet, tous les petits raffolent des lieux où ils peuvent se réfugier pour y inventer mille histoires. Faisons confiance à leur imagination !

Grâce à cette installation, l'espace libéré au sol par le lit (désormais placé en hauteur), permet d'aménager, selon les circonstances et les envies, une salle de jeux, un salon de lecture ou un coin bureau.

Bien que ce projet puisse vous paraître relativement ambitieux, il ne requiert pas pour autant une compétence d'expert, simplement un peu d'organisation et de patience.

En effet, les panneaux alvéolaires utilisés pour la façade sont à la fois très légers et très faciles à installer. Quant à la structure en bois de la mezzanine, elle ne devrait pas vous poser de problème majeur. Les finitions ne seront que plaisir, puisqu'il s'agit de créer un décor de rêve dont vos enfants seront très fiers !

*Le saviez-vous ?

Panneau alvéolaire

Composition : panneau constitué d'une structure alvéolaire cartonnée, prise en sandwich entre deux plaques de plâtre (dites « plaques de parement »).

Caractéristiques : la solution la plus économique pour réaliser des cloisons légères. Sa pose est simple et rapide et il peut recevoir tous types de revêtements pour sa finition.

Conseils déco

- Le choix de la teinte du toit, celle de la porte, ainsi que la technique de finition de la façade, permettent de personnaliser votre réalisation : couleurs vives ou bois naturel, peinture de couleur, enduit ton pierre ou toute autre finition… choisissez des teintes qui s'harmonisent au reste de la chambre.
- Il existe des frises décoratives en MDF qui, à peu de frais, donneront un air pimpant à votre maisonnette. Elles peuvent aussi être utilisées pour réaliser des étagères originales. Les sites internet des grandes surfaces de bricolage proposent de nombreuses idées.
- Vous trouverez des échelles pour mezzanine, de différentes tailles, dans les grandes surfaces de bricolage.

TOM
COULEU

À vous de jouer !

1 Le plan

- Dessinez au préalable le plan de votre cloison et de la mezzanine en fonction des dimensions de votre pièce, à l'échelle de 10 cm par mètre, sur un papier quadrillé tous les 5 mm. Notez bien toutes les mesures.
- Tracez au sol l'emplacement de la cloison avec son épaisseur, soit 5 cm, ainsi que celui des chevrons (C1, C2, C3, C4), qui constitueront les poteaux de la mezzanine. Dans le modèle présenté ici, la structure prend place entre trois murs.

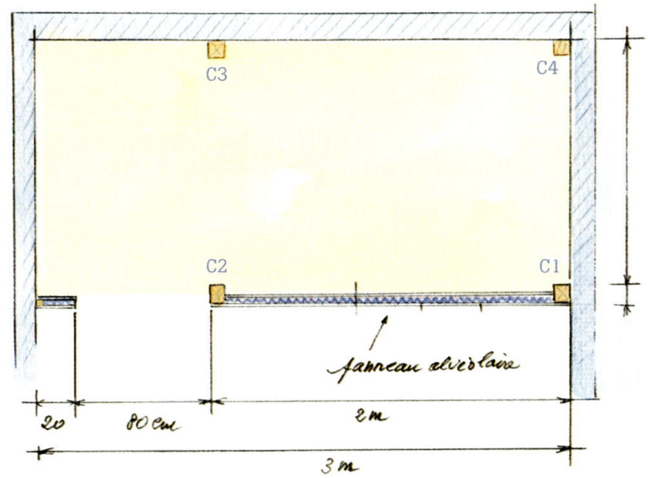

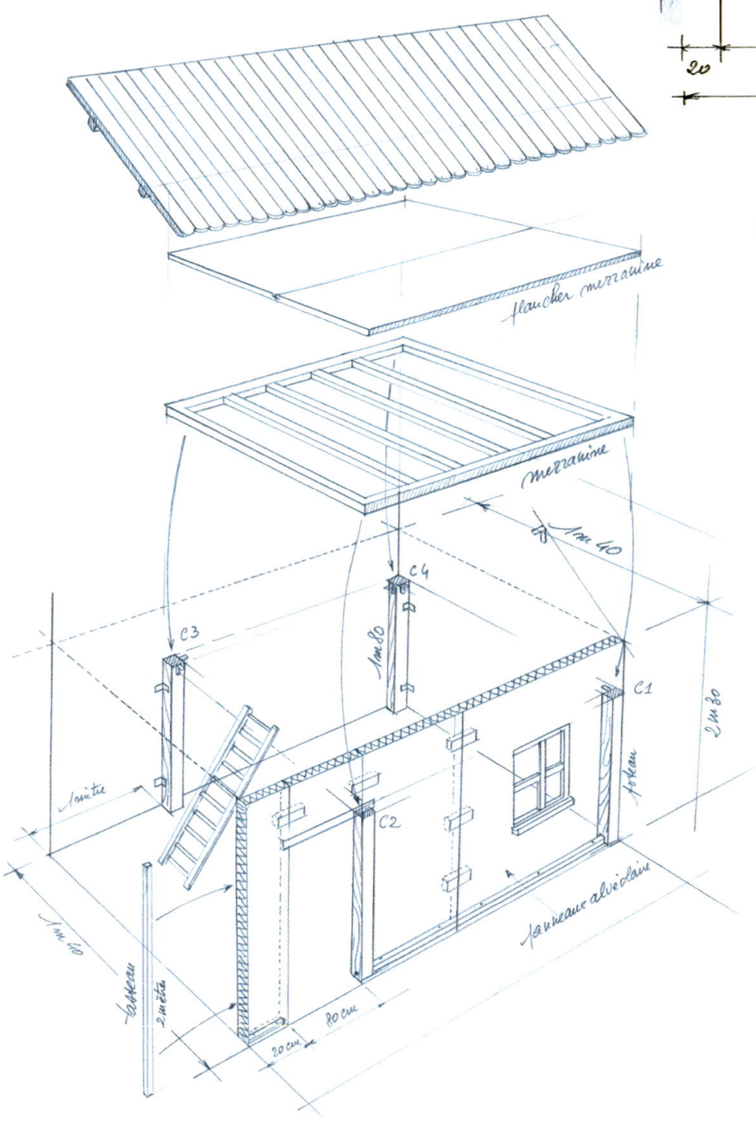

Bon à savoir

→ **Dans le bois, vous pouvez** visser directement, mais pour les autres matériaux, il faut utiliser des chevilles. Leur choix est très important. Pour un mur en béton, en pierres, en briques pleines, utilisez des chevilles standard en PVC. Pour un mur en parpaings, en briques creuses, en plaques de plâtre ou en cloisons légères, prenez des chevilles à expansion. Dans tous les cas, demandez conseil lors de l'achat, et pensez à bien faire correspondre les diamètres du foret de perçage, des chevilles et des vis.

2 La cloison

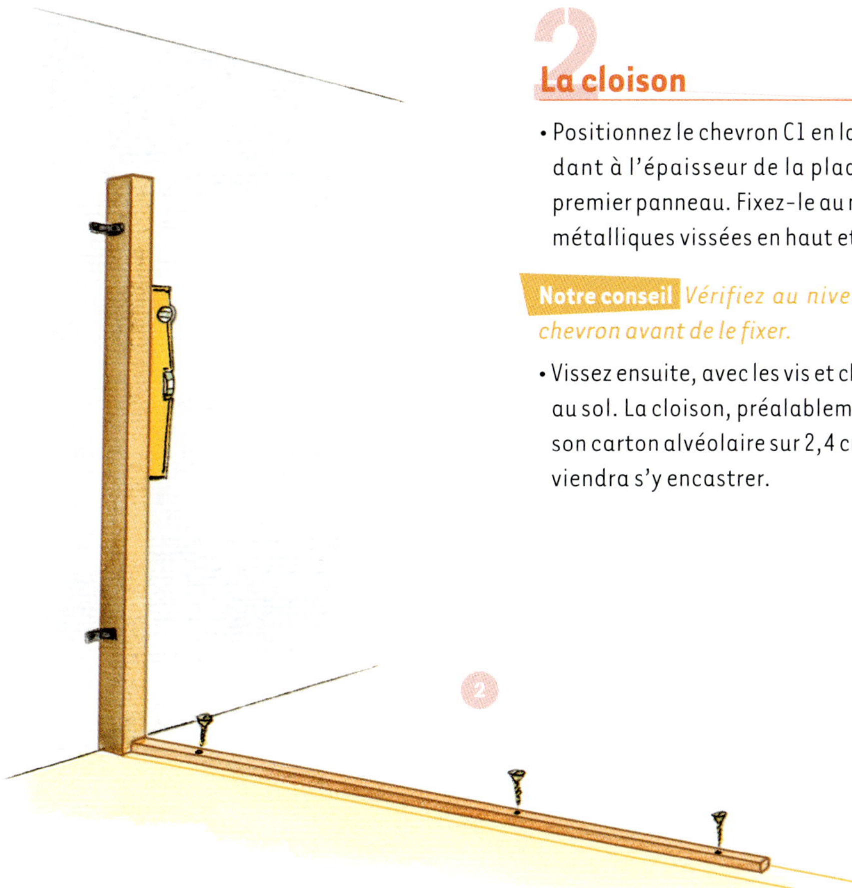

- Positionnez le chevron C1 en laissant un espace correspondant à l'épaisseur de la plaque de parement externe du premier panneau. Fixez-le au mur par deux petites équerres métalliques vissées en haut et en bas.

Notre conseil *Vérifiez au niveau à bulle la verticalité du chevron avant de le fixer.*

- Vissez ensuite, avec les vis et chevilles adaptées, un tasseau au sol. La cloison, préalablement évidée en partie basse de son carton alvéolaire sur 2,4 cm de hauteur, avec un cutter, viendra s'y encastrer.

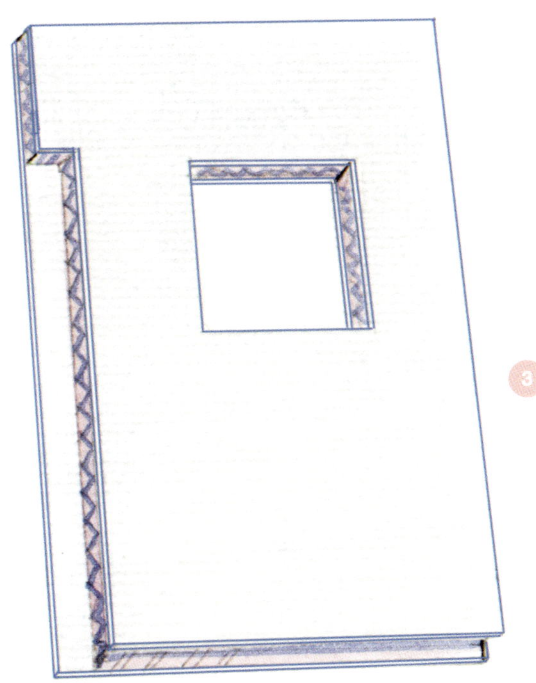

3 La découpe des panneaux

- À l'aide du cutter, coupez vos panneaux aux dimensions désirées, et enlevez le carton en partie basse sur chacun d'entre eux.
- Sur le premier panneau, découpez une des plaques de parement sur une bande de 6 cm de largeur et sur toute la hauteur de chevron, soit 1,80 m.
- Tracez et découpez intégralement la fenêtre.

Notre conseil *Enlevez également le carton alvéolaire sur la bande de 6 cm, de façon à ce que le second parement du panneau vienne recouvrir le chevron C1.*

4 La pose du premier panneau

- Emboîtez le premier panneau sur le tasseau fixé au sol, en le calant sur le chevron C1, et fixez-le à ce dernier avec deux vis autoforeuses.
- Repérez la position des 3 clavettes de jonction à insérer dans le premier panneau ; elles se fixent sur la tranche du panneau, réparties à égales distances sur toute sa hauteur. Enlevez le carton alvéolaire à ces emplacements.
- À l'aide du marteau, insérez à moitié les trois clavettes, puis fixez chacune d'elles sur un côté du panneau avec deux vis autoforeuses.

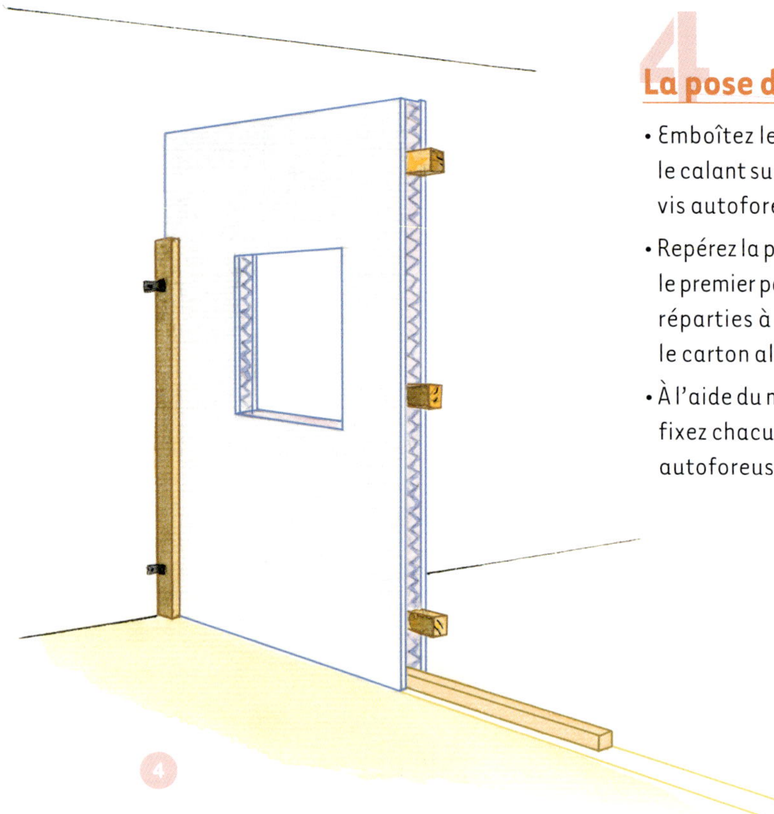

4

5 La pose du deuxième panneau

- Sur le deuxième panneau, allant jusqu'à l'ouverture de la porte, découpez, comme sur le premier panneau, une des plaques de parement sur 6 cm de largeur et 1,80 m de hauteur, et enlevez le carton.
- Évidez le panneau au niveau des clavettes.
- Emboîtez le panneau sur le tasseau au sol, et faites-le glisser pour qu'il s'encastre dans le premier panneau.
- Vissez le deuxième panneau aux clavettes, puis positionnez le chevron C2 de manière à ce qu'il s'encastre dans la cloison, puis solidarisez-le à cette dernière avec 3 vis autoforeuses.

Notre conseil *Tracez l'emplacement des clavettes sur un côté du second panneau avant d'emboîter celui-ci dans le premier, pour les repérer plus facilement au moment de visser.*

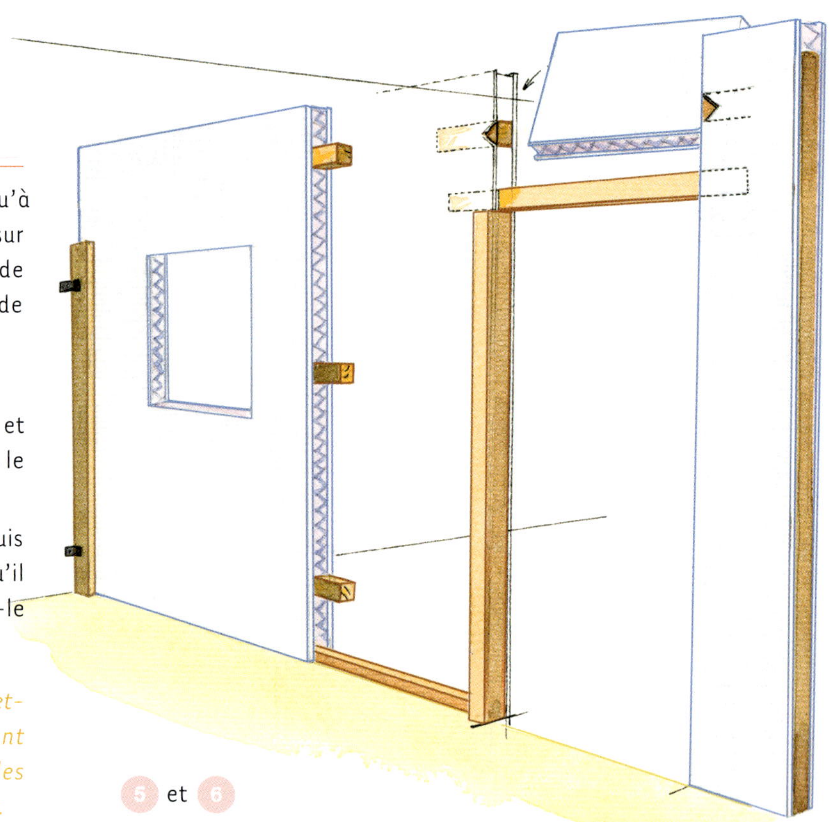

5 et 6

6 La pose du troisième panneau

• De l'autre côté de la porte, vissez un tasseau au sol et un autre au mur avec les chevilles et les vis adaptées. Emboîtez le dernier panneau de 20 cm de large sur ces tasseaux, après en avoir évidé les tranches latérales sur toute la hauteur côté mur et sur 205 cm côté porte. Vissez-le au tasseau du mur.

• Encastrez dans ce panneau 1 tasseau vertical de 2 m. Puis horizontalement à 2 m de hauteur, placez un tasseau de 90 cm de largeur et vissez le tout.

• Découpez aux dimensions adéquates un panneau pour habiller le dessus de la porte.

• Faites rentrer complètement une clavette de part et d'autre de la partie haute restant à fermer, de façon à pouvoir encastrer sans peine le panneau au-dessus de la porte. Faites ensuite coulisser les clavettes à l'aide d'une pointe glissée entre les panneaux, dans les vides que vous aurez aménagés à cet effet. Vissez chacune des clavettes avec 2 vis autoforeuses.

6

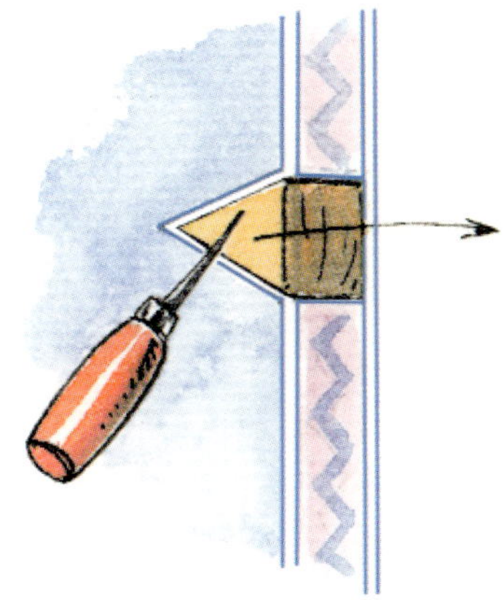

Secrets et savoir-faire

→ **Quelle que soit la surface** du plancher de votre mezzanine, calculez le nombre de lambourdes de façon à ce qu'elles ne soient pas espacées de plus de 40 cm les unes des autres.

7

7 La mezzanine

• Placez les chevrons C3 et C4, contrôlez leur verticalité et vissez-les au mur, soit directement, soit avec de petites équerres.

• Au sol, préparez le cadre de la mezzanine en utilisant 4 lambourdes. Pour l'assemblage, vissez les lambourdes à chaque extrémité.

• Vissez également les 4 lambourdes intermédiaires. Placez cette structure sur les 4 chevrons (C1, C2, C3 et C4) et solidarisez l'ensemble avec des équerres.

• Il ne vous reste plus qu'à clouer le plancher sur la mezzanine, en positionnant les panneaux de particules perpendiculairement aux lambourdes intermédiaires. Pour clouer, prenez des pointes à tête homme, et utilisez un chasse-clou pour les faire complètement rentrer dans le bois.

Notre conseil *Choisissez de préférence des plaques d'agglo spécialement conçues pour la réalisation de plancher, qui s'assemblent très facilement par rainures et languettes, ce qui assure une surface parfaitement plane.*

8 La fenêtre et la porte

- Avec les tasseaux, fabriquez le cadre de la fenêtre de façon à le poser en applique sur la cloison.
- Pour la porte, coupez les planches à 90 cm de largeur, assemblez-les et consolidez la structure avec un cadre cloué sur les 4 côtés.
- Vissez les gonds sur la porte, puis sur la cloison au niveau du chevron C2. Ajoutez de chaque côté un bouton de porte.

Notre conseil *Pour la porte, utilisez des lames universelles qui s'assemblent par rainures et languettes et consolidez la structure avec un cadre cloué sur les 4 côtés.*

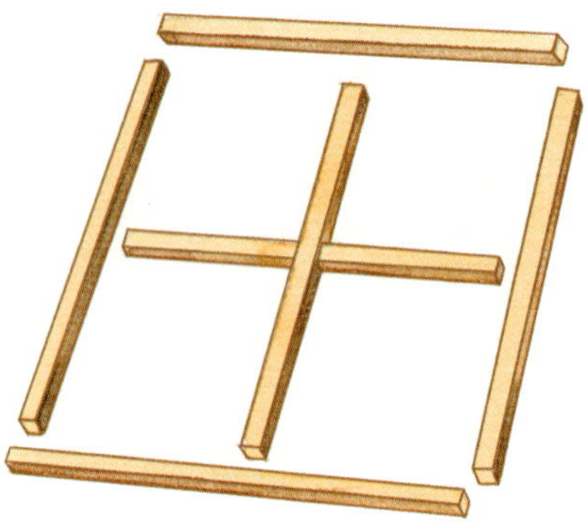

8

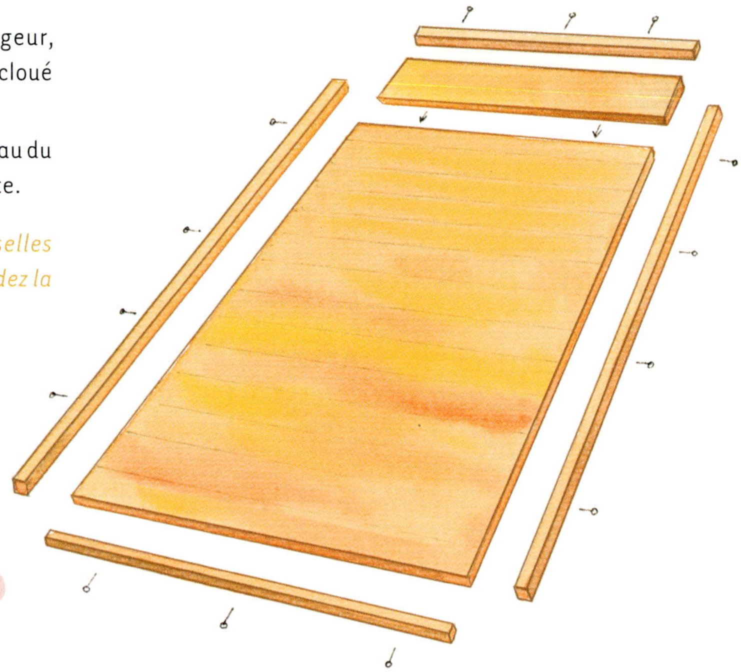

9 Le toit

- Réalisez la toiture en clouant les balustres sur deux tasseaux.
- Vissez deux tasseaux sur les murs latéraux selon l'angle envisagé du toit et vissez le panneau assemblé dessus.

9

10 Les finitions

- Sur les joints, appliquez une large couche d'enduit de lissage et raclez-le avec le couteau à enduire.
- Déroulez, appliquez et centrez la bande à joint en l'alignant sur le raccord entre les deux plaques. Enduisez à nouveau et lissez.
- La bande se place aussi à la jonction du mur et de la cloison. Pliez-la en deux avant de l'appliquer.
- Recouvrez également les vis.
- Une fois l'enduit sec, appliquez une couche d'impression « spécial plaque de plâtre » et peignez la façade avec le crépi, en utilisant un rouleau en mousse.

Suggestion

→ **Vous pouvez, sur la même** structure, poser un plancher traditionnel. C'est un peu plus long mais, les lames étant conçues avec rainures et languettes, la pose se fait aussi facilement que celle des panneaux de particules pour plancher.

Déclinaison

Les panneaux alvéolaires se découpent très facilement et permettent de réaliser bien des fantaisies. Plus simple que le projet précédent, ce château fort fera son petit effet...

La liste des courses

Pour une cloison de 230 cm de hauteur et 300 cm de largeur :

Pour une mezzanine de 200 cm de longueur et 140 cm de largeur :

- la même liste que pour la cabane (voir page 30), à l'exception des éléments nécessaires aux habillages en bois
- bande armée
- mortier-colle
- peinture acrylique grise
- colorant noir

La boîte à outils

- les mêmes que pour la cabane (voir page 30), à l'exception du rouleau à crépi
- rouleau et petite brosse

Suggestion

→ Si vous êtes virtuose et avez envie de vous amuser, poussez la réalisation des détails en faisant un donjon ou en créant en relief des barbacanes ou autres mâchicoulis.

Un château fort

La seule différence avec la réalisation de la cabane se situe au niveau de la façade, qui est un peu plus sophistiquée, et des habillages en bois – qui sont supprimés. Tenez-en compte au moment de faire la liste de vos courses.

- Après avoir fait un plan, calculez les dimensions de chaque panneau. Tracez vos repères et effectuez les découpes de vos panneaux, y compris celles des créneaux.
- Procédez ensuite comme pour le projet de la cabane pour fixer et assembler la façade.
- Pour la finition des chants des créneaux, des meurtrières et de la porte, coupez des bandes de parement de plâtre de 38 mm de large dans les chutes des panneaux alvéolaires. Collez-les avec du mortier-colle. Pour une finition parfaite, appliquez ensuite la bande armée pliée et enduite au niveau des angles (enduit de lissage).
- Pour construire la mezzanine, procédez comme pour la cabane (voir page 35).
- La finition est une peinture unie grise, appliquée au rouleau après la sous-couche d'impression. Vous peindrez ensuite, avec la petite brosse, le dessin des pierres en mettant un peu de colorant noir dans la peinture.

Un paravent décoré en MDF

Un paravent décoré en MDF*

légèreté et mobilité

1 week-end | Bon marché | Facile

Le paravent est la cloison mobile par excellence : facile à transporter, il se plie, se déplie et trouve sa place partout dans la maison. Il permet de dissocier le coin bureau du salon ou de la chambre, de masquer la télévision, voire d'isoler momentanément un espace... Dans tous les cas, il anime le volume de vos pièces, tout en participant à la décoration de votre intérieur.

Le bois reste le matériau le plus employé pour réaliser un paravent, mais vous pouvez imaginer toutes sortes de solutions : carton, tissu, plexiglas, métal... seuls ou combinés. Le revêtement et le choix du motif sont sans limites.

Le paravent présenté ici est réalisé en MDF, avec un motif créé à la scie sauteuse. Le MDF, dont la composition est très homogène, a pour principale qualité de se travailler comme le bois tout en étant beaucoup plus économique. Il permet un sciage net et sa texture fine offre une belle finition, y compris sur les chants. Une fois découpés, les panneaux peuvent être simplement vernis et assemblés en deux temps trois mouvements.

Si vous n'avez jamais utilisé ce matériau, laissez-vous tenter : vous lui trouverez tellement d'avantages que vous ne pourrez plus vous en passer !

La liste des courses

Pour un paravent de 168 cm de hauteur et 145 cm de largeur environ :

- 3 panneaux de MDF de 168 (L.) x 48 (l.) cm x 16 (ép.) mm
- 6 charnières rectangulaires 70 x 40 mm
- vis pour bois aggloméré à tête fraisée – longueur 20 mm, diamètre 3 mm
- papier calque
- adhésif de masquage
- papier de verre grain 120
- fond dur
- vernis

La boîte à outils

- scie sauteuse – lame fine à denture inversée
- perceuse
- mèches à bois avec pointe de centrage (diamètre 20 mm, 6 mm et 2 mm)
- foret (diamètre 1,5 mm)
- scie à dos
- ciseau à bois – largeur 16 mm
- maillet
- tournevis
- mètre
- serre-joints
- planche ou cale martyre
- spalter
- crayon gras 4B

* Le saviez-vous ?

MDF

Composition : panneau fabriqué à partir de fibres de bois, encollées à l'aide d'un liant synthétique, puis pressées.

Caractéristiques : ne se déforme pas, ne se fend pas, se scie facilement et proprement.

Autre appellation : Médium (*Medium Density Fiberboard* ou panneau de fibres à moyenne densité).

Conseils déco

- Le MDF peut être teinté avec une teinte à bois naturelle (acajou, chêne...) ou avec une lasure colorée. Il existe maintenant des panneaux teints dans la masse, de couleur jaune, rouge ou noire, qu'il ne reste plus qu'à vernir.
- Peint ou laqué, il nécessite peu de ponçage et offre une finition parfaite.

À vous de jouer !

1 Le décor

- Dessinez votre motif, ou agrandissez le modèle proposé page 42 et décalquez-le au crayon.
- Pour déterminer l'emplacement du motif et des trous, tracez à l'aide du mètre, sur chacun des panneaux, une ligne à 3 cm des bords (de haut en bas), puis ajoutez un repère pour les trous tous les 14 cm sur chaque ligne ainsi obtenue. Tracez les lignes horizontales (4 par panneau) en suivant le schéma ; tous les 14 cm, ajoutez un repère pour le perçage des trous.
- Après avoir redessiné avec un crayon gras 4B le motif sur l'envers du calque, reportez-le sur le premier panneau : maintenez le calque sur le bois, à l'emplacement choisi, avec du ruban adhésif de masquage, puis repassez à nouveau sur le tracé au crayon.
- Répétez l'opération sur les autres panneaux.

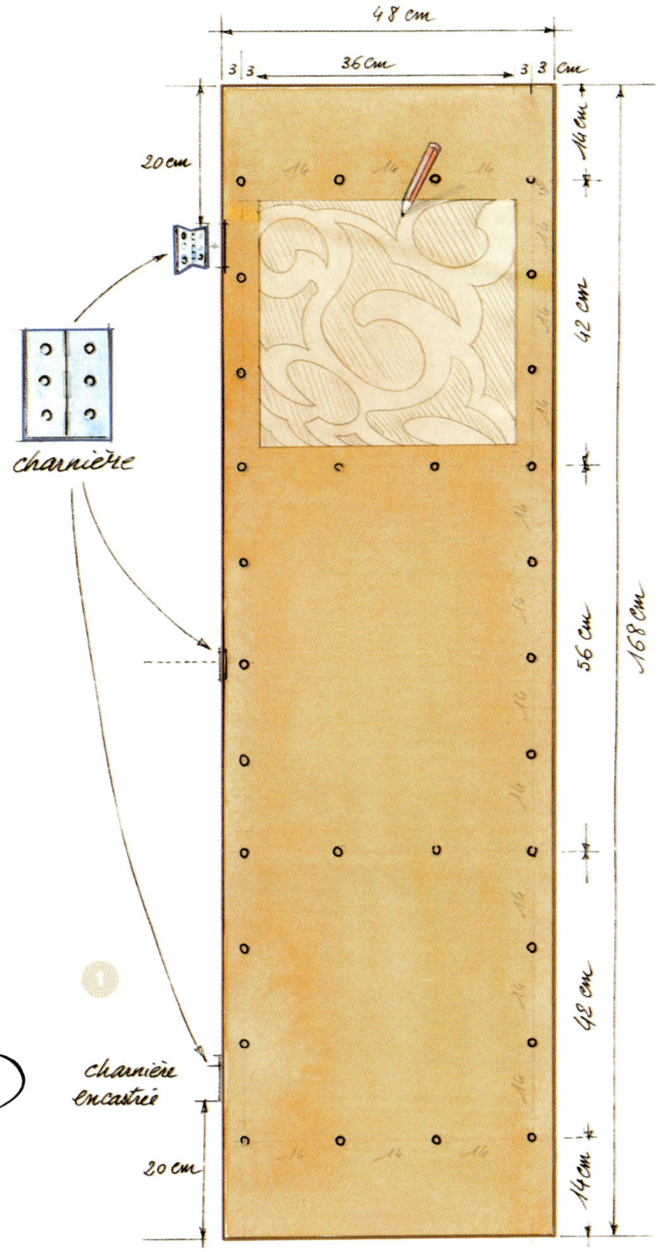

1

Bon à savoir

→ Vous trouverez dans le commerce des panneaux de MDF ignifugés, hydrofuges, cintrés, laqués ou mélaminés, adaptés à vos besoins.

→ Une solution rapide pour appliquer le produit chargé de teinter le bois : l'éponge.

Suggestion

→ Pour manipuler le paravent avec plus de facilité et ne pas endommager votre sol, clouez deux patins en feutre au bas de chaque panneau à l'aide de petites pointes.

2 Les découpes

- Installez le premier panneau sur deux tréteaux, en le maintenant à l'aide de serre-joints. Avec une mèche à bois d'un diamètre supérieur à la largeur de la lame de la scie sauteuse (6 ou 8 mm), percez des trous d'amorce à chaque angle des motifs, c'est-à-dire au démarrage des courbes. La lame ne permet pas, en effet, de tourner aussi radicalement. Prenez soin d'effectuer ces perçages à l'intérieur du trait de coupe et de ne pas dépasser.

Notre conseil *Hachurez les zones à évider afin de limiter les risques d'erreur.*

- Démarrez la découpe d'un motif à partir d'un trou d'amorce et suivez votre tracé. Évidez tout d'abord les zones se trouvant au centre de votre motif, puis, petit à petit, celles se trouvant en périphérie, pour ne pas fragiliser votre ouvrage.
- Repassez dans l'autre sens pour affiner la coupe dans les angles.
- Évidez chaque motif sur les trois panneaux (voir les bons gestes page 44).

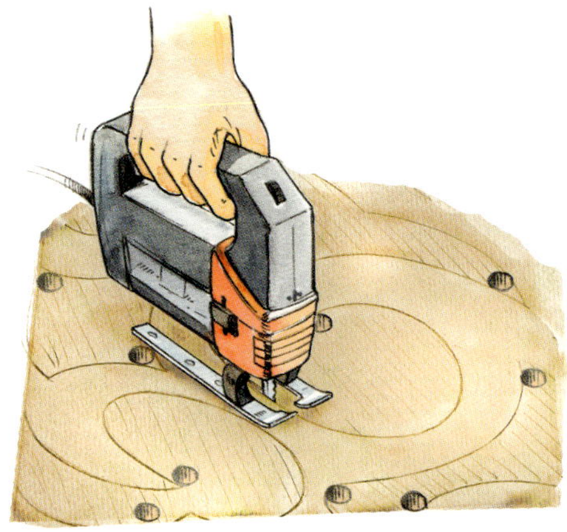

2

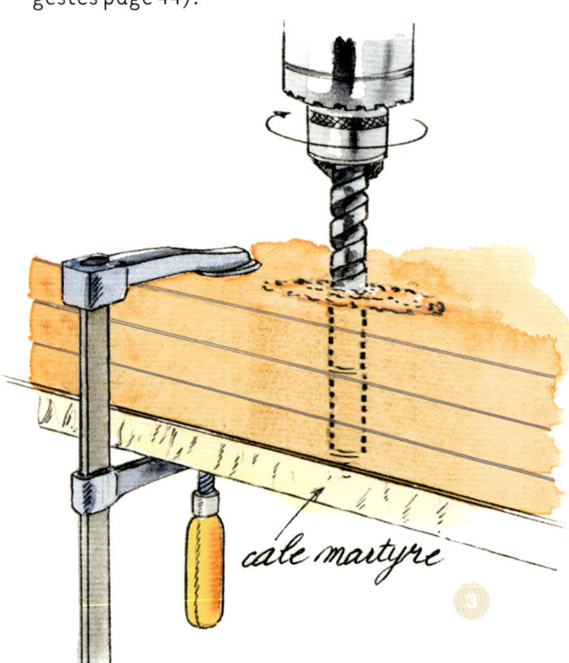

3

3 Le perçage

- Installez les trois panneaux sur un plan bien stable, un établi si possible, et fixez-les à l'aide de serre-joints. Placez également des petites cales entre l'embout du serre-joints et le panneau, pour ne pas l'endommager lors du serrage.
- Placez la pointe de la mèche de 20 mm au centre du repère marquant le trou à réaliser et maintenez la perceuse bien à la verticale. Réglez-la sur une vitesse assez lente et effectuez votre perçage sur les trois panneaux simultanément.

Notre conseil *Placez une planche comme cale martyre sous les éléments et percez un peu plus loin que les panneaux ; cela permet d'éviter des éclats de bois et d'obtenir des trous nets sur chaque face.*

4 Le vernis

- Dépoussiérez chaque panneau et appliquez au spalter une couche de fond dur. Ce dernier est sec en 30 minutes : vous pouvez donc l'appliquer sur la première face de chaque panneau, retourner les panneaux et traiter les autres faces dans la foulée.
- N'oubliez pas d'enduire également les chants, de préférence lorsque le pinceau n'a presque plus de produit, pour éviter les coulures.
- Une fois que le fond dur est bien sec, faites un léger ponçage au papier de verre grain 120, dépoussiérez, puis appliquez au spalter une couche de vernis sur chaque face.

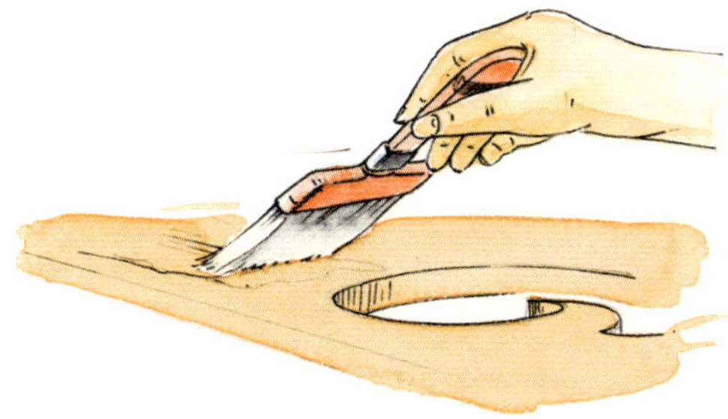
4

Notre conseil *Respectez le temps de séchage prévu sur l'emballage du produit avant de retourner les panneaux ou d'appliquer une seconde couche.*

5 Les charnières

- Déterminez les emplacements des charnières sur les chants de chaque panneau (une au centre, la deuxième à 20 cm du haut et la troisième à 20 cm du bas) et dessinez-les. Mesurez et tracez également l'épaisseur de la charnière sur la face du panneau (voir les bons gestes page 45).
- À l'aide du ciseau à bois et du maillet, réalisez les entailles aux dimensions des charnières afin de les encastrer : faites deux entailles à la scie à dos, puis utilisez le ciseau à bois pour réaliser avec précaution l'encoche sur toute la longueur.

5

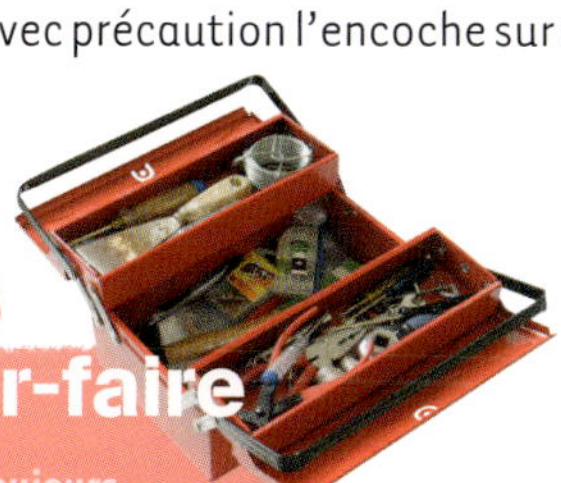

Secrets et savoir-faire

→ La teinte doit toujours être passée avant le fond dur, ou bouche-pores, qui permet d'obtenir une surface lisse et dure. Après un très léger ponçage, le MDF peut être verni au spalter ou au rouleau.

→ Pour scier les motifs et obtenir de belles courbes, utilisez une lame à chantourner, c'est-à-dire de faible largeur et à denture fine. En règle générale, plus la denture est fine, plus la coupe est propre.

→ Pour éviter les éclats du bois pendant le sciage, choisissez une lame à denture inversée.

6 L'assemblage

- Positionnez les charnières et marquez au crayon les repères de perçage.
- Avec la mèche de 2 mm, percez les trous et vissez les charnières pour terminer votre paravent.

6

Découper le motifs

1

Dessiner le motif et le décalquer sur les panneaux.

2

Percer des trous d'amorce.

3

Démarrer la découpe à un trou d'amorce.

4

Suivre le tracé.

5

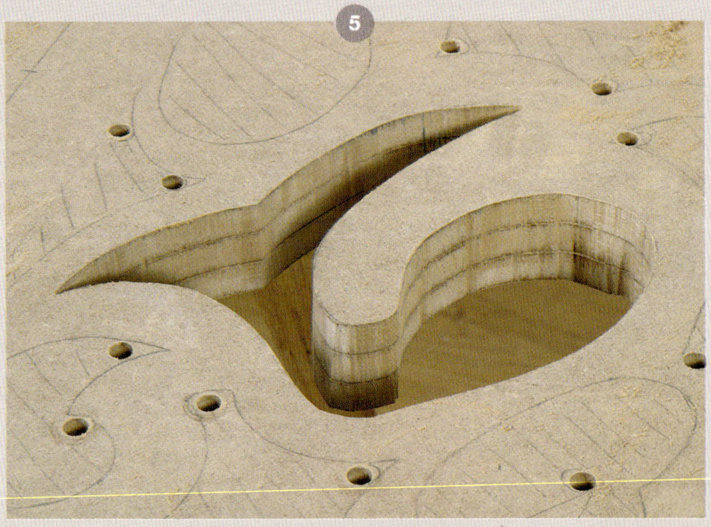

Pour commencer, évider les zones au centre du motif.

Poser les charnières

1

Déterminer les emplacements.

2

Dessiner les charnières.

3

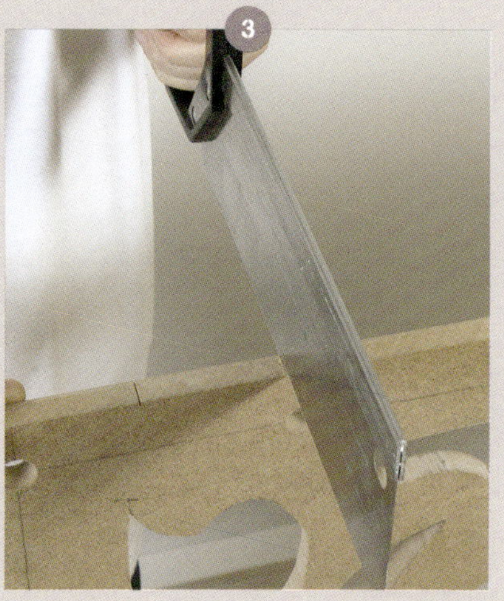

Faire deux entailles à la scie à dos.

4

Réaliser l'encoche sur toute la longueur de la charnière.

5

Égaliser l'intérieur de l'encoche à la lime.

6

Positionner la charnière et marquer au crayon les repères de perçage.

7

Percer les avant-trous avec un foret de 1,5 mm.

8

Visser les charnières.

Une douche en briques de terre cuite*

tradition et simplicité

1 week-end | Économique | Facile

La briqu de terre cuite est un matériau traditionnel qui réunit plusieurs qualités : peu couteux, sain, beaucoup plus léger que les carreaux de plâtre et convenant à tous les milieux, secs ou humides. Une cloison en briques de terre cuite supporte tous les types de finitions (enduit et peinture, carrelage, papier peint...), ainsi que la fixation d'objets lourds.

Il existe plusieurs formats de briques en fonction de l'épaisseur : en 5, 7, 7,5 et 8 cm : 25 x 40 cm — en 5 cm : 20 x 40 cm — en 10 cm : 20 x 50, 50 x 66 cm, etc.

La mise en œuvre est d'autant plus rapide que le carreau est grand.

Dans cet espace réduit, la cloison sert de support au meuble vasque et forme un écran entre la douche et la pièce, limitant les éclaboussures.

Simple et pratique, cet agencement est réalisé avec un minimum de moyens, d'autant que les arrivées et évacuations d'eau sont concentrées sous la baignoire.

La liste des courses

Pour une cloison de 200 (H.) x 100 (L.) x 10 (ép.) cm :

- 6 briques de terre cuite de 50 (H.) x 66 (l.) x 10 (ép.) cm
- 6 clavettes servant à l'alignement des briques
- 1 tasseau – épaisseur 3 cm, longueur 1 m
- 1 tasseau guide – longueur 2 m
- 2 cales en bois biseautées
- 1 bande résiliente en liège – 10 x 100 cm
- 2 cornières d'angle métalliques – longueur 2 m
- bande à joint
- bande à joint armée (facultatif)
- colle recommandée par le fabricant des briques
- vis et chevilles adaptées à la nature du sol
- enduit de lissage
- papier de verre grain 80
- peinture satinée

La boîte à outils

- ciseau à brique
- tournevis
- maillet en caoutchouc
- serre-joints
- 2 couteaux à enduire ou platoir
- truelle
- niveau à bulle (ou niveau laser)
- fil à plomb
- cale à poncer
- rouleau antigoutte
- bac à peinture
- grille métallique

*Le savriez-vous ?

Brique de terre cuite

Composition : la brique est un matériau naturel et sain, fabriqué avec de la terre argileuse. Utilisée depuis des millénaires, elle est d'autant plus d'actualité dans un contexte où le respect de l'environnement est une préoccupation prioritaire.

Caractéristiques : elle ne craint ni ne retient l'humidité, et c'est un excellent régulateur thermique qui assure un confort non négligeable.

Conseil déco

- Convenant parfaitement aux milieux humides, les briques plâtrières peuvent aussi être utilisées pour réaliser des montants verticaux qui supporteront un plan vasque et des étagères, par exemple.

À vous de jouer !

1 Le plan

• Dessinez précisément votre projet à l'échelle de 10 cm par mètre sur un papier quadrillé tous les 5 mm.

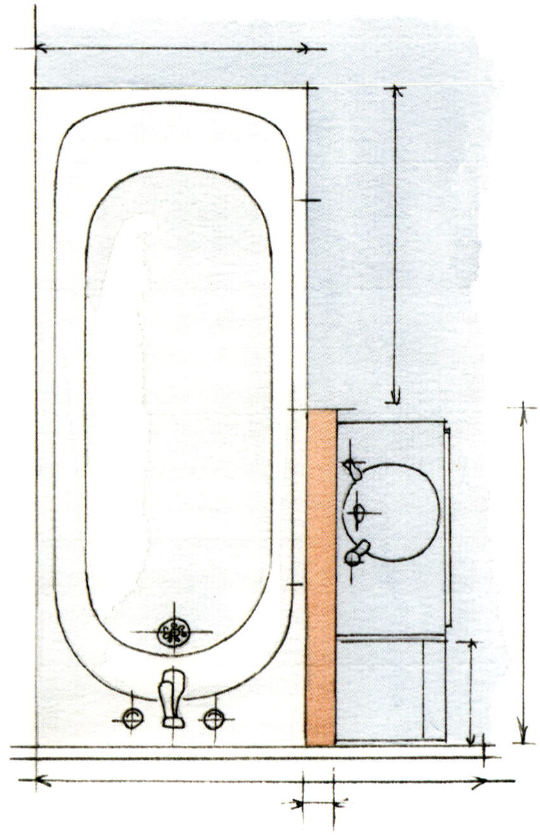

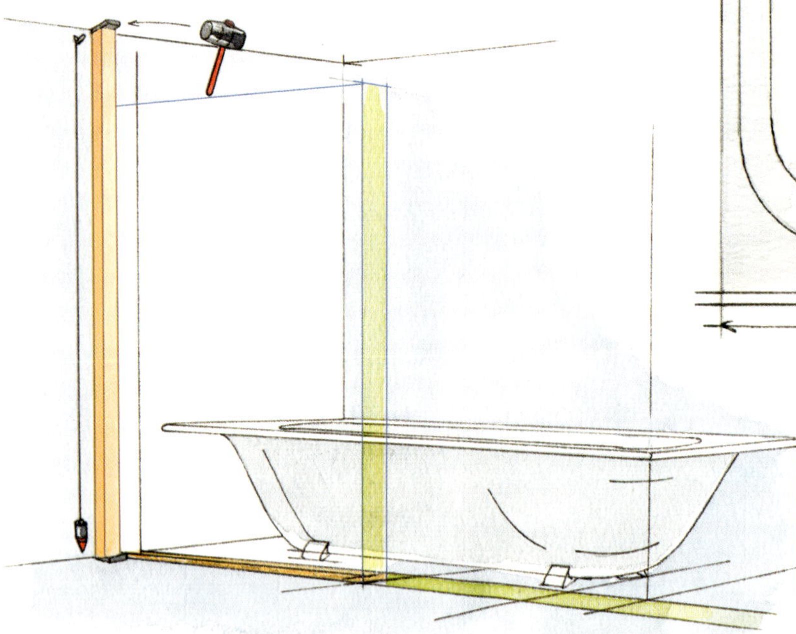

2 La préparation

• Tracez la forme de la cloison sur le mur, puis placez un tasseau bien droit qui servira de guide du sol au plafond, à 10 cm de la baignoire. Maintenez ce dernier en place à l'aide de cales biseautées insérées au maillet en haut et en bas. Utilisez un fil à plomb ou un niveau à bulle pour assurer la verticalité de l'ouvrage.

• Vissez au sol le tasseau qui formera la semelle de la cloison et collez dessus la bande résiliente en liège (tasseau et bande en liège ont les mêmes dimensions que la cloison, mesurant 10 x 100 cm).

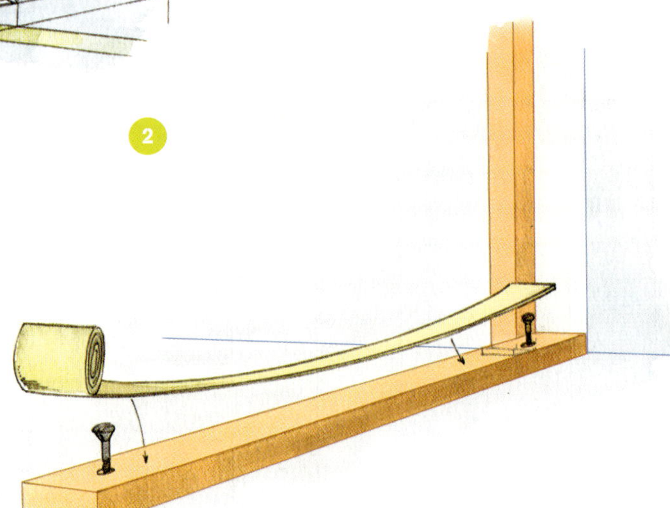

3 Les découpes

- Après avoir tracé sur les deux faces de la brique les découpes à effectuer, coupez-la en deux avec le ciseau à brique, en donnant des petits coups le long des traits de coupe sur chaque face (voir les bons gestes page 50). Préparez ainsi 4 demi-carreaux.

Notre conseil *Procédez avec délicatesse afin d'obtenir une coupe nette.*

3

4 La pose

- Commencez par coller 1 brique entière sur la semelle et contre le mur, en déposant de la colle sur les arêtes du côté et du bas de la brique avec le couteau à enduire.
- Maintenez la première brique contre le tasseau servant de guide à l'aide d'un serre-joints, puis collez une demi-brique après avoir encollé le côté et le bas de celle-ci.
- Placez une clavette dans la rainure, à cheval sur les deux briques, et une autre à l'extrémité afin d'assurer les alignements.

Notre conseil *Tout au long de la pose, vérifiez à l'aide du niveau à bulle et du fil à plomb le bon alignement des briques ainsi que l'horizontalité de chaque rang.*

4

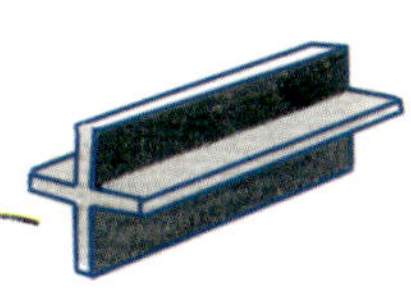

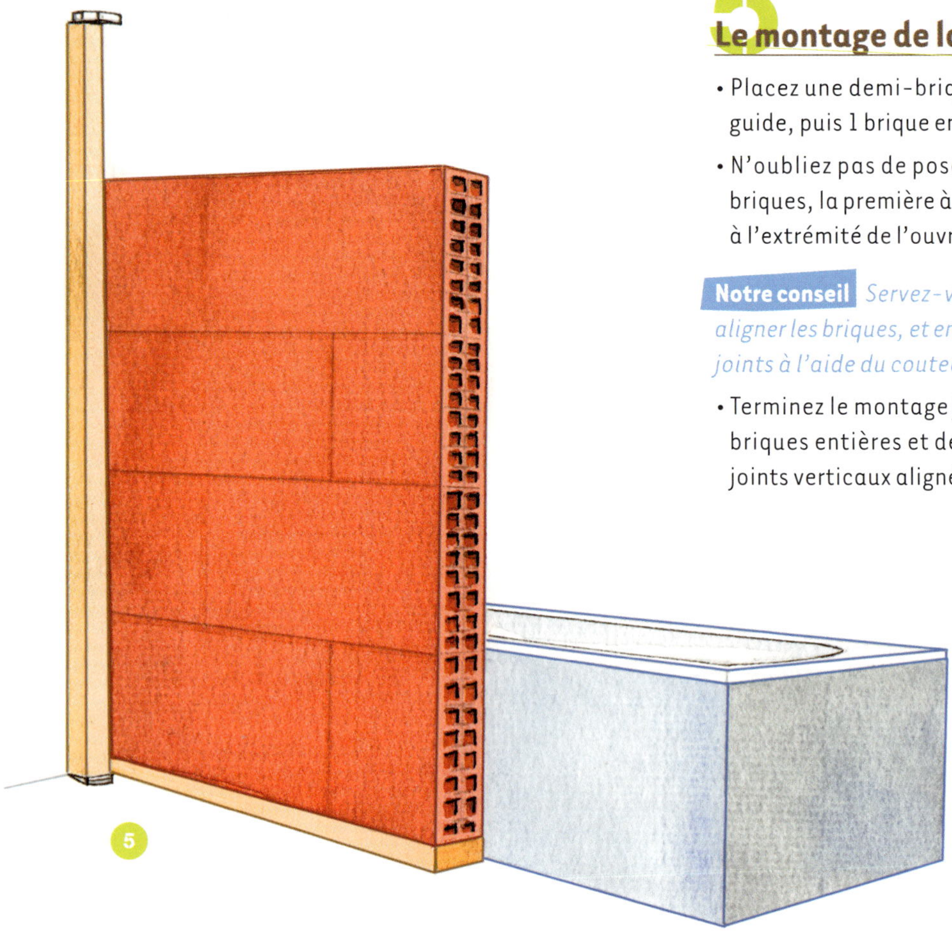

5 Le montage de la cloison

- Placez une demi-brique contre le mur, toujours contre le guide, puis 1 brique entière (déplacez le serre-joints).
- N'oubliez pas de poser 2 clavettes sur chaque rangée de briques, la première à cheval sur les 2 briques et la seconde à l'extrémité de l'ouvrage.

Notre conseil *Servez-vous d'un maillet lors de la pose pour aligner les briques, et enlevez le surplus de colle au niveau des joints à l'aide du couteau à enduire.*

- Terminez le montage jusqu'à 2 m de hauteur en alternant briques entières et demi-briques, afin de ne pas avoir de joints verticaux alignés.

Bon à savoir

→ **Prenez garde à ne jamais** utiliser la perceuse en position de percussion lorsque vous faites un trou dans une cloison de terre cuite : cela risquerait de la faire éclater. Pour la fixation, utilisez des chevilles spéciales pour matériaux creux.

LES BONS GESTES

Couper les briques au ciseau à brique

1 Tracer le trait de coupe.

2 Entailler le tracé au ciseau à brique et retourner le carreau.

3 Tracer à la mesure et achever la découpe au ciseau à brique.

Secrets et savoir-faire

Pour éviter les fissures...

→ Sur une chape en béton, collez une bande résiliente en liège au sol, puis directement les briques. Sur un plancher, fixez un tasseau en bois de la largeur de la cloison sur lequel vous collerez la bande résiliente en liège.

→ Les joints des briques sont toujours montés en décalés : ils ne sont pas alignés.

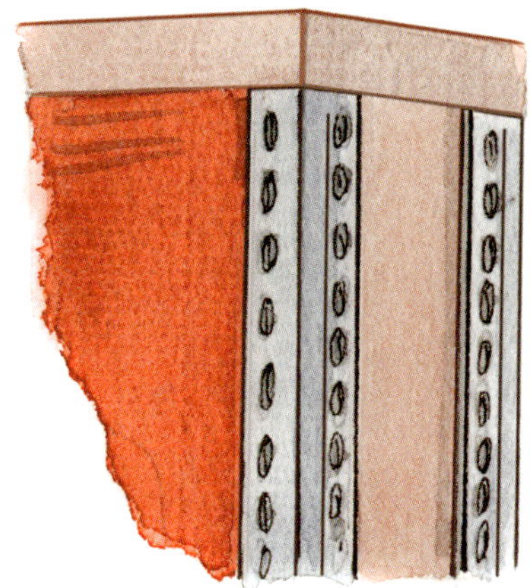

6 Les finitions

• Étalez l'enduit sur le chant latéral, au couteau à enduire ou à la truelle, et protégez les angles saillants par des cornières métalliques noyées dans la colle (voir les bons gestes pages 52-53).

• Pour la finition des autres angles (jonction mur/cloison et arrêtes supérieures) collez de la bande à joint pliée.

Notre conseil *Afin de mieux protéger les arêtes supérieures de votre cloison, vous pouvez utiliser de la bande à joint armée.*

• Laissez sécher 12 heures avant d'appliquer un enduit de lissage ou de coller directement un carrelage.

• À l'aide des couteaux à enduire ou, mieux, d'un platoir, passez une couche d'enduit de lissage. Laissez sécher 12 heures avant de poncer avec le papier de verre grain 80, puis appliquez la peinture satinée au rouleau, en deux couches.

Réaliser un angle avec des cornières métalliques

1
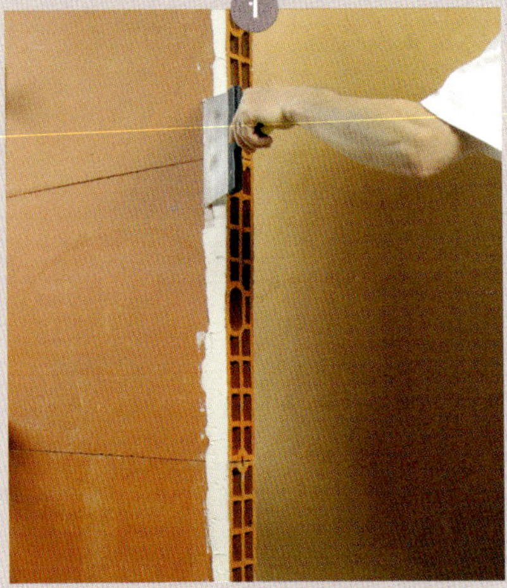
Appliquer la colle sur les chants de la cloison avec un couteau à enduire.

2

Garnir largement de colle le chant des briques.

3

Lisser sommairement la colle.

4

Ajuster les cornières sur les angles.

5
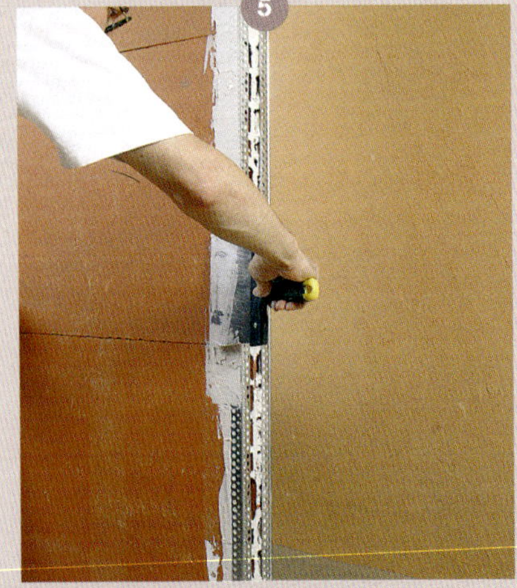
Laisser tirer la colle,...

6

...garnir largement puis lisser pour couvrir les cornières.

Enduire les cornières métalliques

1

Enduire les cornières sur le chant.

2

Garnir grassement le chant de colle.

3

Poursuivre sur toute la hauteur de la cornière.

4

Faire bien pénétrer la colle pour couvrir les cornières.

5

Progresser en lissant régulièrement la colle.

6

Laisser tirer la colle et poncer. Enduire à nouveau si besoin.

Une douche en panneaux de polystyrène*

innovation et harmonie

1 week-end — Cher — Très facile

Un espace de plain-pied et ouvert pour la douche est un vrai plaisir au quotidien, tant du point de vue de son utilisation que de son entretien. Encore peu connu, le panneau de construction en polystyrène extrudé est idéal pour des réalisations de ce type car il est léger et facile à manipuler. Il est certes un peu onéreux, mais si vous faites vous-même les travaux, le temps gagné et le résultat valent largement l'investissement.

Ces panneaux de mousse — armée d'un tissu de verre et enduite, sur les deux faces, d'un mortier spécial plastifié — sont de différentes épaisseurs. Ils peuvent être utilisés aussi bien au mur qu'au sol, pour créer des volumes atypiques. C'est un produit parfaitement étanche et prêt à carreler (avec des petits carreaux, pâte de verre ou émaux de Briare) qui vous permettra, comme dans notre projet, de créer une douche de plain-pied dont la forme et la taille n'auront pas d'autre limite que celle de votre imagination.

La pose du receveur (ou bac) de plain-pied et la plomberie étant délicates pour un non-initié, faites-les réaliser par un professionnel et réservez-vous le montage de la cloison et sa finition. Ainsi, vous aurez toute liberté pour créer la douche de vos rêves et le projet sera plus accessible financièrement — d'autant que l'enduit, réalisé avec de la colle à carrelage, est une solution des plus économiques.

La liste des courses

Pour une douche d'environ 170 cm de longueur et 136 cm de largeur :

- 7 panneaux de construction en polystyrène extrudé de 250 (H.) x 60 (l.) x 8 (ép.) cm
- 16 pièces d'assemblage pour panneaux posés bord à bord, chevilles et vis du fabricant des panneaux
- mortier-colle gris hautes performances en poudre – 25 kg
- bande d'étanchéité (rouleau) – 50 m x 10 cm
- colle mastic en cartouche
- vernis acrylique brillant

La boîte à outils

- tournevis
- pistolet à colle
- cutter
- grande règle métallique
- niveau à bulle
- équerre
- compas
- ficelle
- crayon
- feutre
- taloche inox
- couteaux à enduire
- platoir
- spalter
- éponge

* Le saviez-vous ?

Polystyrène extrudé

Les panneaux de polystyrène extrudé sont parmi les meilleurs isolants thermiques actuels.

Caractéristiques : léger, étanche, imputrescible et isolant thermique, tout en ayant une très bonne résistance mécanique.

Manipulation : simple, rapide et propre, ce produit permet d'habiller, de masquer, de rénover ou de construire sans gros travaux.

Conseils déco

- Il existe des panneaux prédécoupés qui pourront adopter les courbes les plus surprenantes, mais il est très facile de réaliser vous-même les entailles au cutter avec une règle métallique, pour donner à votre cloison la courbe désirée.
- Dans ce cas, les entailles doivent être remplies avec du mortier-colle, puis traitées avec la bande d'armature ou la bande d'étanchéité s'il s'agit d'un milieu humide.

À vous de jouer !

1 Le plan

• Dessinez précisément votre projet à une échelle de 10 cm par mètre, sur un papier quadrillé tous les 5 mm, afin de faciliter les calculs lors de la réalisation du dessin en taille réelle. Utilisez un compas pour tracer les courbes et notez toutes les cotes (y compris les centres et les rayons des cercles).

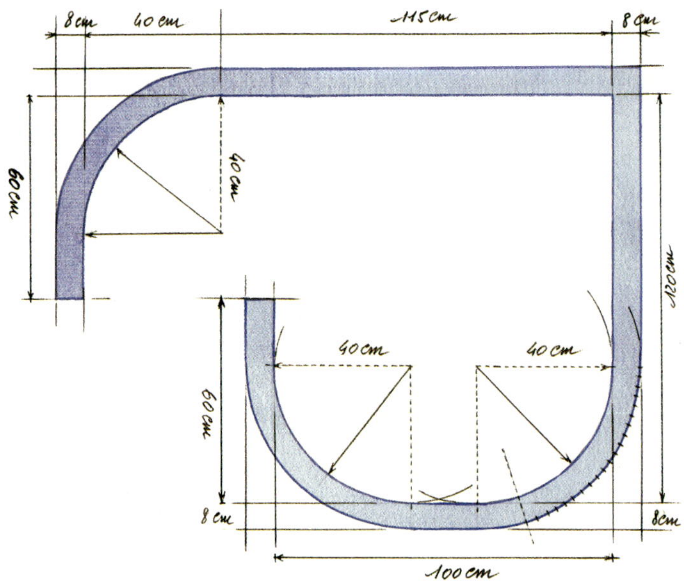

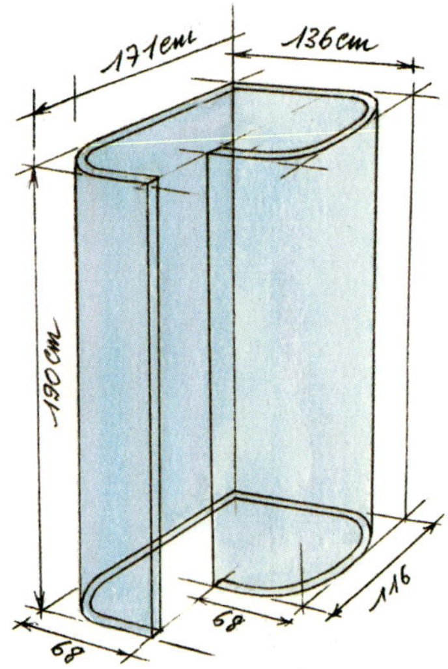

1

Secrets et savoir-faire

→ **Pour mélanger du mortier-colle en grande quantité,** utilisez un malaxeur de peinture qui s'adapte à la perceuse. Cela vous fera gagner du temps et vous obtiendrez un mélange plus homogène.

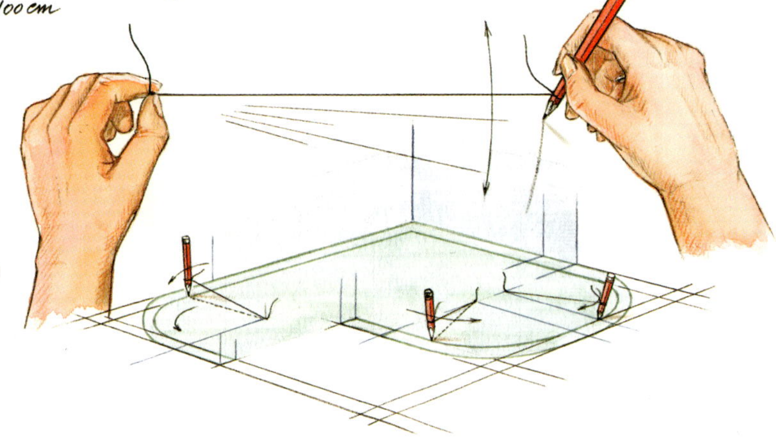

2

2 Le dessin au sol

• Reportez votre tracé au sol en remplaçant le compas par une simple ficelle, au bout de laquelle vous attacherez un crayon. Vous marquerez au feutre les mesures des rayons nécessaires.

Notre conseil *Si votre receveur de douche est en polystyrène extrudé, ne l'endommagez pas en fixant la ficelle de votre « compas » avec une pointe, contentez-vous de maintenir la ficelle à la bonne mesure au centre de votre cercle.*

3 Les découpes du polystyrène

- Si votre receveur est en polystyrène extrudé, évidez au cutter l'emplacement de la cloison au sol afin d'y encastrer les panneaux verticaux. Si vous posez votre cloison directement sur chape, vous utiliserez les pièces de fixation sol/mur selon les instructions du fabricant.
- Après avoir tracé des verticales bien parallèles tous les 3 cm sur les panneaux à cintrer (soit environ trois panneaux et demi), entaillez ces derniers avec le cutter en utilisant la règle métallique.

Notre conseil *Prenez garde à ne pas couper le panneau sur toute son épaisseur.*

- Positionnez les panneaux sans les fixer, sur votre tracé au sol, afin de les couper en largeur aux bonnes dimensions. Repérez les emplacements de la robinetterie, puis percez-les.

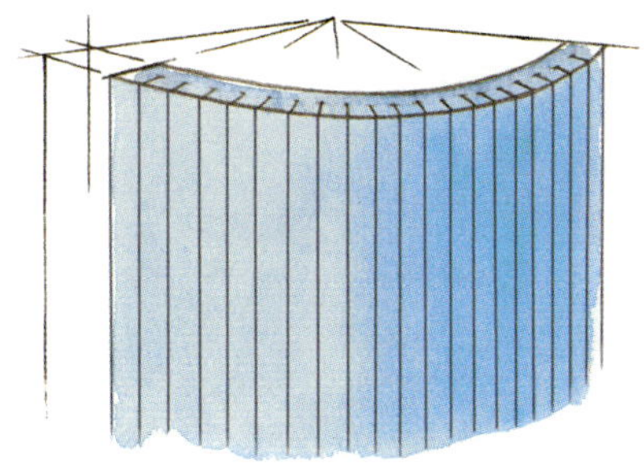

4 La pose des panneaux

- Encollez le mur au mortier-colle (voir les bons gestes page 59), et plaquez le premier panneau.

Notre conseil *Sur un mur irrégulier, fixez les panneaux par plots de mortier et chevillage : marquez les emplacements des plots en perçant de part en part le panneau avec un tournevis (à raison de 8 plots par panneau). Déposez les plots de mortier, puis ajustez le panneau au mur avec un maillet en caoutchouc. Verifiez sa position avec un niveau à bulle. Après séchage, posez les chevilles aux emplacements des plots.*

- À l'aide du pistolet à colle, déposez généreusement de la colle mastic dans la gorge d'encastrement du receveur de douche. Placez une pièce d'assemblage sur la tranche puis, après encollage à la colle mastic, disposez le premier élément courbe en polystyrène extrudé.
- Procédez de la même manière avec les panneaux suivants.

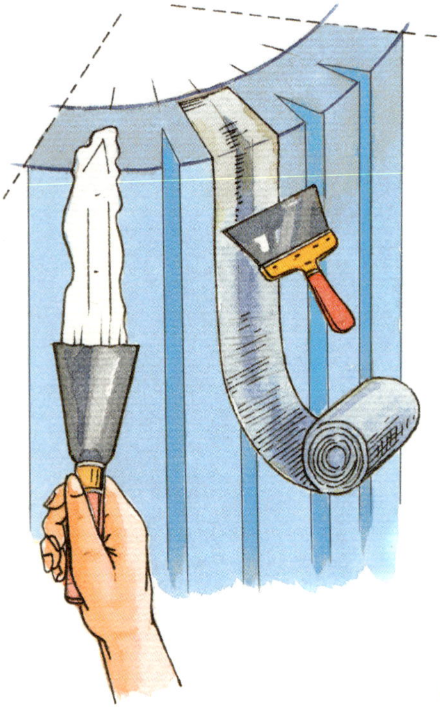

5 La pose de la bande

- Remplissez les entailles verticales avec du mortier-colle à l'aide d'un couteau à enduire ou d'une taloche, et recouvrez d'une bande d'étanchéité. À la jonction des plaques à l'intérieur et à l'extérieur, appliquez de la même manière une couche de mortier-colle, puis posez une bande d'étanchéité.
- Repassez une seconde couche de mortier en recouvrement de la bande et lissez au couteau à enduire.
- Reproduisez les mêmes gestes pour poser la bande d'étanchéité à la jonction de la cloison et du receveur, en la pliant en deux. Faites de même à l'extérieur de la cloison pour assurer la jonction au sol.

Notre conseil *Pour que la bande épouse correctement les courbes, entaillez-la légèrement au cutter avant de la poser.*

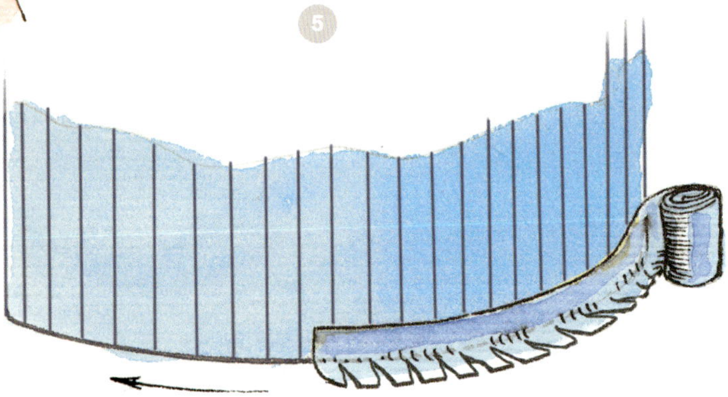

Bon à savoir

→ **Pour conserver une courbe** harmonieuse à votre cloison, et si vous avez choisi de la carreler, préférez des carreaux de petits taille comme la mosaïque.

→ **Si vous n'utilisez pas** de receveur préfabriqué, vissez au sol un rail en U d'une largeur égale à l'épaisseur de votre panneau, qui remplacera la gorge d'encastrement. Ou bien fixez les panneaux avec des pièces d'assemblage sol/panneau, du mortier, et de la bande armée (voir les consignes du fabricant).

Suggestions

→ **Les panneaux de polystyrène** extrudé peuvent aussi être utilisés pour doubler les murs, pour habiller la baignoire, pour construire un plan vasque (plaques de 8 cm d'épaisseur) ou des rangements, ou encore pour la création de douches accessibles aux personnes à mobilité réduite.

→ **Une fois le projet terminé,** le polystyrène extrudé peut être enduit (comme pour la cloison de la douche) ou carrelé.

6

6 L'enduit de finition

• Préparez une quantité suffisante de mortier-colle et appliquez-le au platoir à l'intérieur de la cabine comme s'il s'agissait d'un enduit classique : procédez de bas en haut, de droite à gauche si vous êtes droitier, de gauche à droite si vous êtes gaucher. Faites de même sur la paroi extérieure.

Notre conseil *Faites des essais préalables de finition avec le platoir, car vous pouvez obtenir des effets très différents, et procédez en deux temps : application de l'enduit et lissage de l'intérieur pour commencer, puis application et lissage de l'extérieur de la cabine.*

• Pour lisser, vous pouvez retravailler la surface de l'enduit avec une éponge humide 1/2 heure après l'avoir appliqué. Si l'enduit est trop frais, attendez qu'il sèche davantage ; s'il est un peu sec, imprégnez d'eau votre éponge.

• Pour obtenir un aspect brillant, appliquez au spalter, après séchage complet de l'enduit, deux couches de vernis brillant.

LES BONS GESTES

Préparer du mortier-colle

1

Ajouter le mortier à l'eau.

2

Mélanger avec le malaxeur adapté à la perceuse…

3

…jusqu'à obtenir un mortier homogène.

Une cloison coulissante en plexiglas*

simplicité et modernité

1 week-end | Un peu cher | Facile

Construire « en dur » une séparation entre deux pièces a un caractère irrémédiable et l'on regrette souvent de devoir sacrifier un volume spacieux au profit de deux pièces confinées. Pour éviter ce type de désagrément, optez pour la cloison coulissante !

Mobile par définition, elle permet en effet d'isoler un espace ponctuellement, en totalité ou partiellement. Réalisée avec des matériaux qui évoquent légèreté et transparence, cette cloison préserve le sentiment d'espace ou de volume. Et si vous vous lassez de sa présence, il suffira de dévisser les rails au plafond et de reboucher les trous pour faire disparaître toute trace de son existence...

Notre cloison coulissante a pour particularité d'être réalisée de façon très sommaire, car la légèreté des panneaux n'impose pas un système plus sophistiqué. Elle consiste en un simple cadre de bois sur lequel a été vissée une plaque de plexiglas, le tout monté sur un rail pour portes coulissantes, que l'on trouve dans toutes les grandes surfaces de bricolage. Pas besoin non plus d'être un fin bricoleur pour effectuer le montage : quelques notions de base suffisent à transformer votre espace. Profitez-en !

La liste des courses

Pour une ouverture de 3,90 m de largeur et une cloison coulissante de 4 m, dans une pièce de 6 m de large (avec une tête de cloison de 2 m) :

- 2 plaques de plexiglas blanc diffusant de 2,50 (H.) x 2 (L.) m x 3 (ép.) mm
- 4 rails – longueur 3 m
- 2 manchons de liaisons (pour rail)
- 4 montures à galets
- 18 tasseaux en pin rabotés (montants) – section 3 x 3 cm, longueur 2,50 m
- 84 vis à bois à têtes rondes – diamètre 2,5 mm, longueur 16 mm
- vis agglo têtes fraisées – diamètre 2,5 mm, longueur 45 mm
- colle à bois vinylique

La boîte à outils

- scie sauteuse
- scie
- perceuse avec forets bois et fraise à 45°
- tournevis
- fil à plomb (ou niveau laser)
- équerre
- serre-joints

* Le saviez-vous ?

Le plexiglas

Définition : résine synthétique ayant la transparence du verre.

Nom savant : le polyméthacrylate de méthyle (*PolyMethyl MethAcrylate* ou PMMA).

Il est souvent utilisé comme alternative au verre. Quelle que soit son épaisseur, il reste toujours aussi transparent, contrairement au verre, et est incassable.

Conseils déco

- Si le plexiglas est souvent utilisé pour réaliser des objets ou des meubles modernes, on ne pense pas forcément à l'employer pour fabriquer certains éléments de décoration.
- Sa transparence et sa légèreté sont des atouts non négligeables et sa mise en œuvre est somme toute assez simple : couper, percer, coller le « plexi » s'avèrent très aisé et vous pouvez créer des petits meubles d'appoint, des tables, des étagères...

LIFE

À vous de jouer !

1 La préparation du cadre

• Coupez tous vos montants aux bonnes dimensions, soit pour 2 panneaux de 2,50 m de haut et 2 m de large :
4 tasseaux de longueur 2,50 m
12 tasseaux de longueur 1,94 m
10 tasseaux de longueur 46,6 cm

Notre conseil *Soyez très précis dans vos mesures et soignez vos coupes qui doivent être à angle droit : utilisez l'équerre pour tracer les traits de coupe. Vous pouvez couper les pièces par 2, 3 ou 4, en les solidarisant avec des serre-joints (voir les bons gestes page 65).*

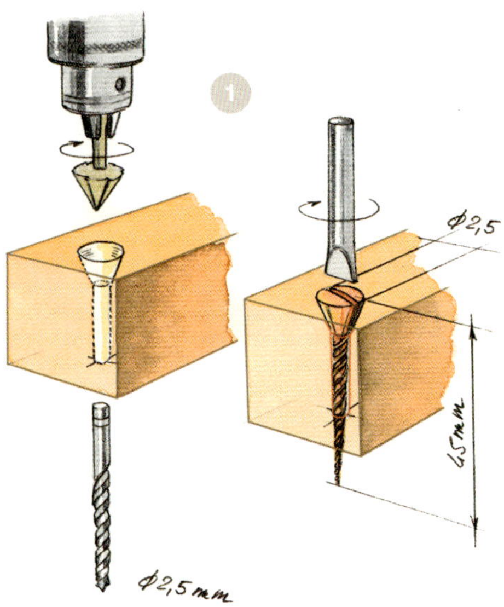

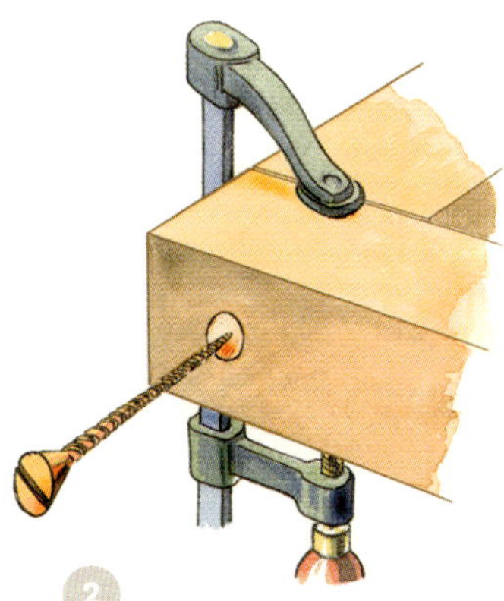

Bon à savoir

→ **Les plaques de plexiglas** peuvent être découpées sur mesure dans les magasins de bricolage, ce qui simplifie considérablement la tâche.

→ **Pour effacer une éraflure,** passez avec un chiffon doux un produit pour l'entretien des cuivres.

2 L'assemblage du cadre

• Commencez par assembler 1 montant vertical de 2,50 m et 1 montant horizontal de 1,94 m : percez la première pièce de bois intégralement avec une mèche de 3 mm, puis fraisez l'emplacement de la tête afin qu'elle arrive à fleur du bois et assemblez avec une vis agglo.

Notre conseil *Pour assembler 2 pièces de bois il faut toujours, d'une part, fraiser l'emplacement des têtes pour ne pas forcer le filetage, d'autre part, percer la première pièce avec une mèche d'un diamètre légèrement supérieur à celui de la vis et, si nécessaire (bois dur), un avant-trou plus petit dans la deuxième pièce. Pour être efficace, le filetage de la vis ne doit prendre que dans la deuxième pièce.*

• Assemblez, en procédant de même, les 2 autres montants constituant le cadre.

3 Les tasseaux intermédiaires

• Pour fixer les montants horizontaux au bon endroit, utilisez les tasseaux de 46,6 cm comme cales placées le long des montants verticaux puis vissez chaque pièce aux deux extrémités par l'extérieur, après avoir percé et fraisé.

• Enfin, collez les montants verticaux de 46,6 cm au centre du panneau. Afin de solidariser l'ensemble, placez une vis sur le cadre, en haut et en bas.

Notre conseil *Veillez à ce que les montants verticaux soient bien alignés et ne semblent constituer qu'un seul et même montant.*

• Assemblez le deuxième panneau en suivant les mêmes instructions.

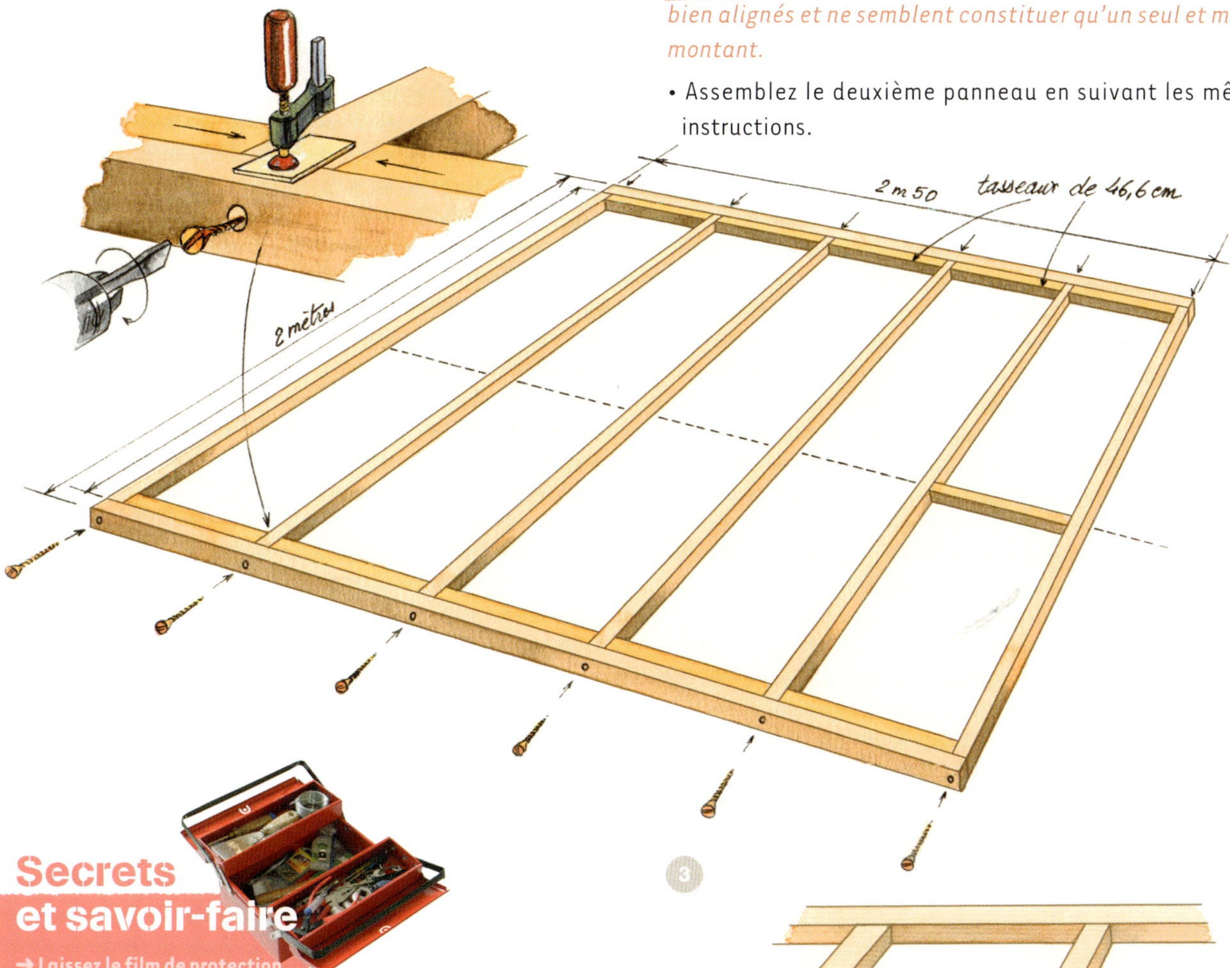

Secrets et savoir-faire

→ **Laissez le film de protection** tout le long du façonnage pour protéger le plexiglas des rayures.

→ **Lorsque vous coupez du plexiglas à la scie sauteuse,** employez une lame pour plastique et bois tendre et réglez la scie à une vitesse assez lente pour ne pas le faire fondre.

→ **Vous pouvez aussi employer** une scie à métaux.

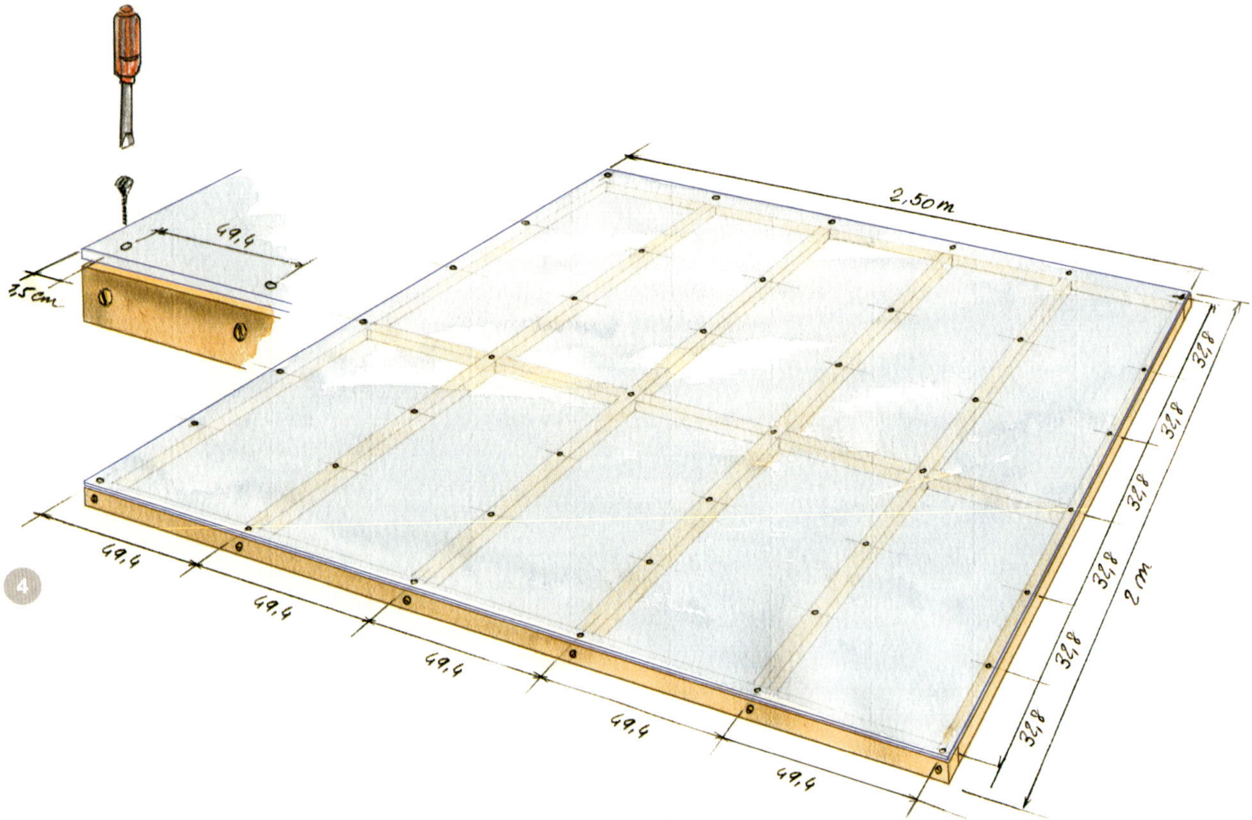

4 Les plaques de plexiglas

- Travaillez sur un plan stable et positionnez la première plaque de plexiglas sur le cadre. Maintenez-la en place à l'aide de serre-joints et tracez vos repères de perçage à l'intersection de chaque montant, soit tous les 49,4 cm verticalement et tous les 32,8 cm horizontalement.
- Percez les avant-trous avec une mèche de 2,5 mm et vissez avec les vis à têtes rondes.

Notre conseil *Attention, les vis ne font que 16 mm de long. L'avant-trou est à faire uniquement dans le plexiglas ; dans le pin qui est un bois tendre, le trou se fera tout seul.*

- Posez le plexiglas sur le deuxième panneau.

5 La fixation des montures

- Vissez 2 platines de montures en haut de chaque panneau, à 1/10e des extrémités, soit à 20 cm des bords.

Suggestion

→ De nombreuses couleurs existent, mais vous pouvez également peindre le plexiglas ou le polir avec du papier de verre très fin.

6 La fixation des rails au plafond

- Dessinez au sol l'emplacement des panneaux, sur les 6 m de largeur, tête de cloison comprise. À l'aide du fil à plomb, repérez l'emplacement des rails au plafond (2 rails de 3 m seront posés en parallèle ; tenez compte de l'épaisseur des panneaux pour déterminer l'espace entre ces 2 rails).
- Vissez un premier rail de 3 m au plafond avec les chevilles et les vis adaptées à sa structure. Introduisez le premier panneau dans le rail par le côté, ajoutez le manchon de liaison, puis fixez un deuxième rail au plafond dans le prolongement. Vissez le troisième rail parallèlement au premier, puis introduisez le second panneau. Enfin, ajoutez le manchon de liaison, et vissez le quatrième rail dans le prolongement.
- Le réglage de l'aplomb des panneaux se fait en vissant ou en dévissant les axes des chariots.

Notre conseil *Vous pouvez ajouter un rail de guidage en bas de votre cloison ou, si la nature de votre sol le permet, y encastrer un rail de guidage.*

LES BONS GESTES

Découper plusieurs tasseaux simultanément

1 Marquer un repère à la mesure.

2 Tracer à l'équerre le repère.

3 Mesurer la distance lame / bord de semelle.

4 Ajouter la mesure au premier repère.

5 Tracer à l'équerre le second repère.

6 Scier le long du guide de coupe à la mesure voulue.

Un îlot central en béton cellulaire*

ingéniosité et nouveauté

1 week-end | Un peu cher | Initié

La liste des courses

Pour une cloison de 2,40 m de hauteur par 2,50 m de longueur et 90 cm de profondeur :

- 35 blocs de béton cellulaire de 60 (L.) x 50 (H.) x 10 (ép.) cm
- 8 vis agglo – diamètre 4 mm – L. 5 cm
- lisses en bois pour la base – épaisseur 3 cm – L. 2,50 m x 1 – L. 0, 90 x 2
- 2 fers plats 45 x 6 mm – L. 2,50 m
- 7 fers ronds – diamètre 12 mm
- plinthe – H. 10 cm, L. 10 m
- 2 cornières d'angle métalliques – L. 2,40 m
- 1 cartouche de colle néoprène
- mortier-colle en poudre – 25 kg
- enduit de lissage – 25 kg
- peinture acrylique satinée blanche

La boîte à outils

- scie égoïne pour béton cellulaire
- scie égoïne et boîte à onglet
- scie circulaire
- scie à métaux
- perceuse
- mèche à bois (diamètre 4 mm)
- foret béton (diamètre 20 mm pour percement 20 cm de profondeur)
- maillet en caoutchouc
- papier de verre gros grain et grain 80
- niveau à bulle (ou niveau laser)
- équerre
- crayon
- pistolet à colle
- couteau à enduire
- platoir
- pinceau à rechampir
- rouleau antigoutte
- bac à peinture
- grille métallique

Le fait de réaliser une cloison à trois pans et de la disposer en îlot central présente plusieurs avantages. Le premier est d'offrir une belle surface de rangement, pratique et accessible, tout en laissant la possibilité de circuler librement dans la pièce. Le deuxième, comme dans notre projet, est que la cuisine se trouve partiellement masquée ; seul l'îlot central reste visible et, de ce fait, devient un objet de déco à part entière. Autre intérêt non négligeable de ce type de construction : il permet de laisser agréablement passer la lumière et offre au regard un jeu de volumes et de transparences des plus intéressants.

Matériau idéal pour ce genre d'ouvrage, le béton cellulaire a la particularité d'être léger et facile à manipuler. Autre atout : il n'engendre pas de surcharge de poids et peut être collé sur toutes les surfaces, à condition qu'elles soient planes – les irrégularités seront compensées avec de la colle. Enfin, la finition ne pose pas de problème : elle peut être adaptée en fonction du reste de la décoration, car le béton cellulaire est une surface propice à tous les revêtements (enduits texturés ou non, peinture, carrelage...). Cela serait dommage de vous passer de tels atouts !

* Le saviez-vous ?

Béton cellulaire

Comme les carreaux de plâtre, les carreaux de béton cellulaire de 60 x 50 cm et d'une épaisseur de 7 ou 10 cm disposent de rainures et languettes, ce qui permet de les emboîter très facilement.

Le béton cellulaire est aussi un très bon isolant phonique.

Il peut être utilisé pour réaliser un mur porteur dès lors qu'il fait 20 cm d'épaisseur.

Conseil déco

- L'option choisie ici est de réaliser la finition de la cloison en harmonie avec le reste de la pièce. Cependant, il peut être intéressant de mettre en valeur le volume du meuble en affirmant encore davantage sa présence. Optez alors pour un contraste de couleur et/ou de matière, afin de créer une sensation visuelle forte. N'hésitez pas à employer des couleurs très vives ou sombres, et à jouer sur les matières et les enduits.

À vous de jouer !

Bon à savoir

→ La consommation de colle pour le montage d'une cloison en béton cellulaire est de 1,5 à 3 kg par m^2.

→ La semelle en bois permet d'absorber d'éventuels mouvements du plancher. Sur d'autres surfaces, utilisez une semelle PVC en U, vissée ou collée, de la largeur des carreaux.

1 Le plan

- Dessinez au préalable votre cloison aux dimensions souhaitées, à l'échelle de 10 cm par mètre, sur un papier quadrillé tous les 5 mm.
- Notez bien toutes les mesures.

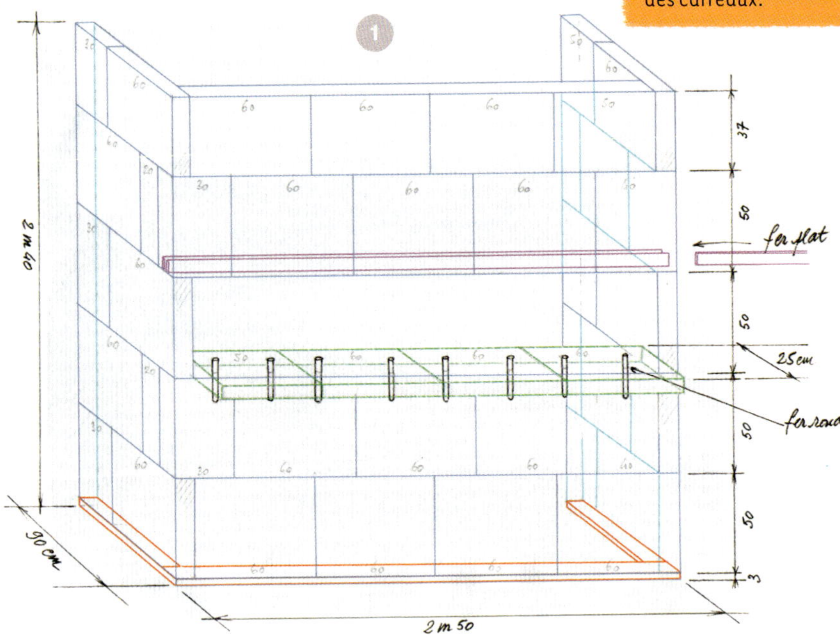

Suggestion

→ Si vous avez la chance d'avoir une très grande chambre, une telle cloison est idéale pour constituer à la fois une tête de lit et un dressing accessible, sans nuire au volume de la pièce.

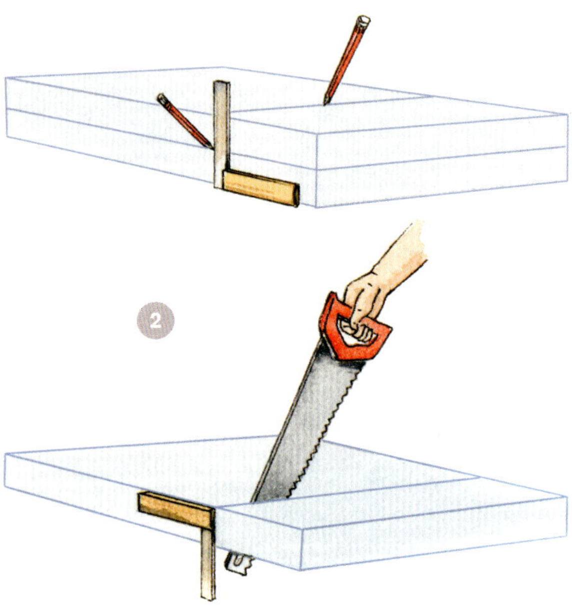

2 Les découpes

- Pour effectuer les découpes, tracez au crayon les traits de coupe en vous aidant d'une équerre et prolongez le traçage sur une face perpendiculaire afin de réaliser une découpe bien verticale.
- Il faut 23 carreaux entiers de 60 cm de long sur 50 cm de haut.
  9 demi-carreaux de 30 x 50 cm
  4 carreaux de 20 x 50 cm
  1 carreau de 20 x 50 cm
  3 carreaux de 60 x 25 cm
  1 carreau de 50 x 25 cm
- Coupez à la scie égoïne, puis poncez au papier de verre gros grain pour ajustage, si nécessaire.

3 La pose

- Effectuez le tracé au sol, positionnez la semelle en bois sur les trois côtés, percez et vissez-la dans le parquet.
- Préparez le mortier-colle selon les instructions du fabricant. Dépoussiérez et encollez la base et la tranche de chaque carreau avant de le poser.
- Montez le premier rang avec des carreaux entiers et des carreaux de 20 et 30 cm de long à l'extrémité des retours, en suivant scrupuleusement le schéma.

Notre conseil *Pressez bien chaque bloc contre le précédent et vérifiez l'alignement de ce premier rang dont dépend le reste de la réalisation. Utilisez le maillet en caoutchouc pour ajuster.*

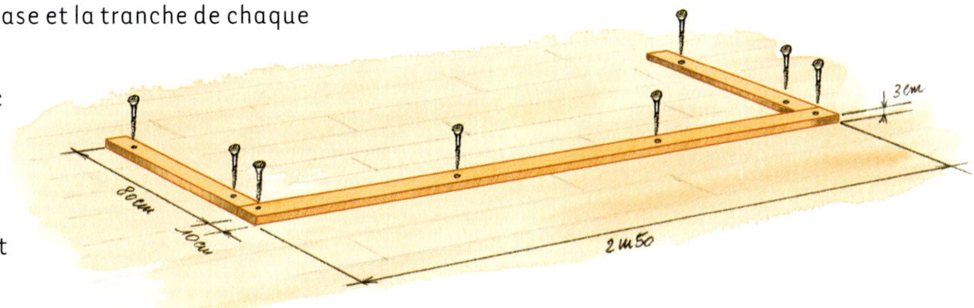

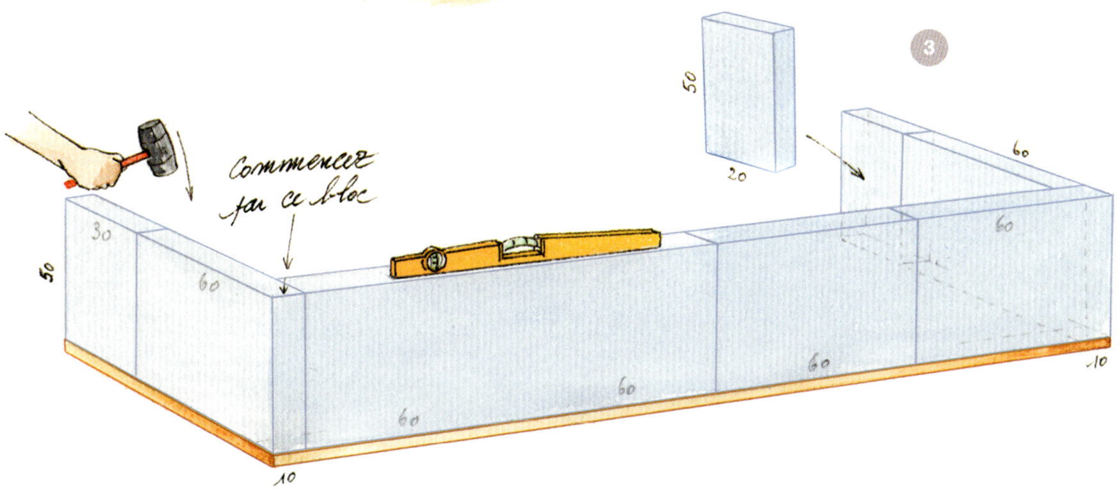

4 Le deuxième rang

- Montez le deuxième rang en commençant par 1 demi-carreau de façon à alterner les joints verticaux ; entrecroisez les carreaux d'angle.
- Vérifiez l'alignement et l'aplomb avec le niveau et ajustez à l'aide du maillet en caoutchouc.

Notre conseil *Éliminez le surplus de colle provoqué par la pression avant que celle-ci ne durcisse, en raclant la surface des blocs avec un couteau à enduire.*

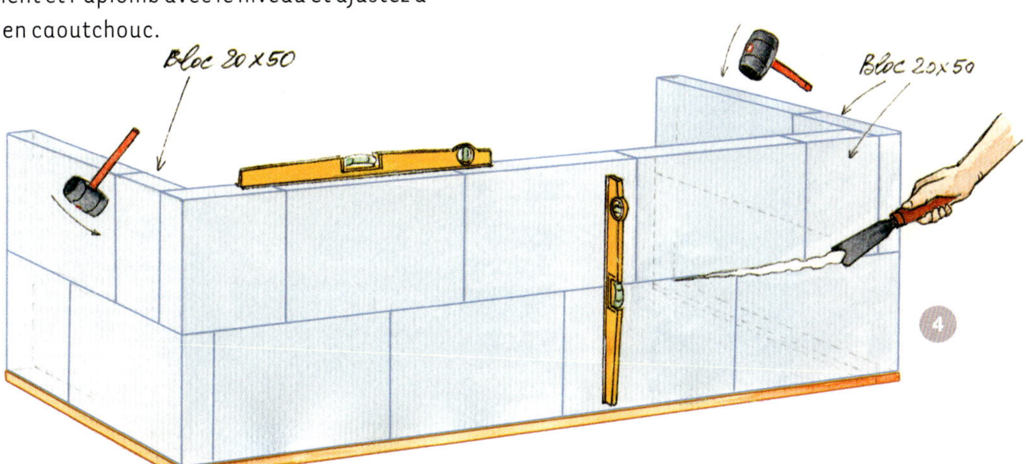

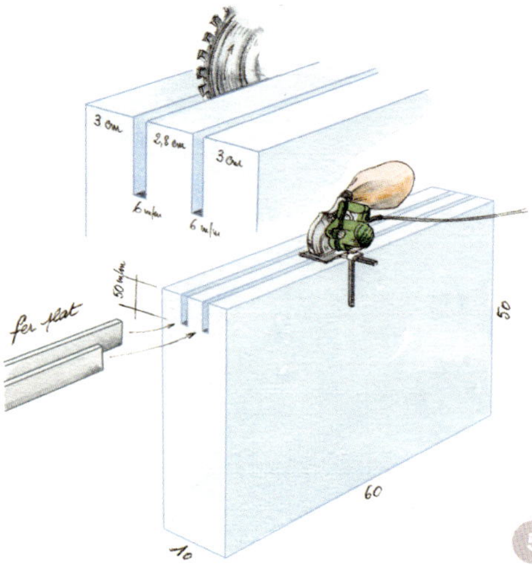

5 Le rang de l'ouverture

- Posez les carreaux des deux pans latéraux du troisième rang.
- À la base de 4 carreaux entiers, réalisez à la scie circulaire de préférence, ou à la scie égoïne, deux encoches parallèles de 5 cm de profondeur destinées à l'encastrement des fers plats. Prévoyez une rainure un peu plus large que les fers, pour compenser les éventuels défauts d'alignement. Les rainures seront espacées de 3 cm
- Préparez des cales de 50 cm de haut, qui serviront à étayer les carreaux lors de la pose du rang suivant.

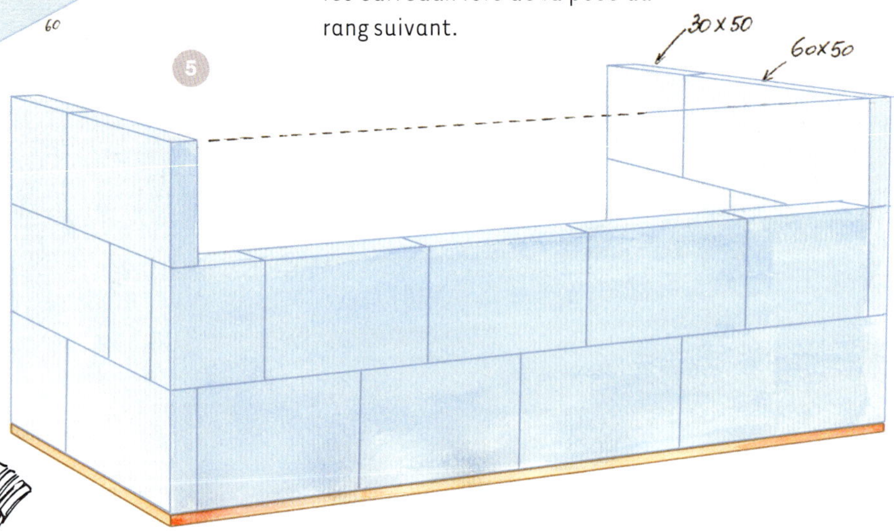

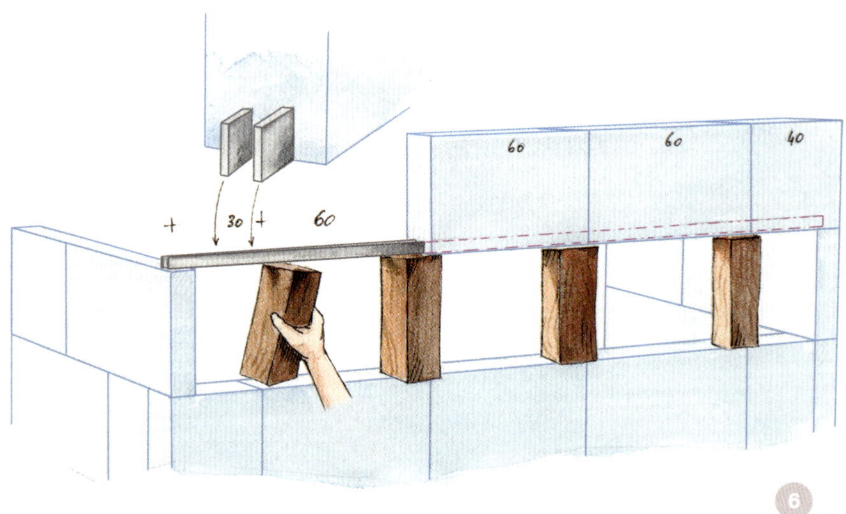

6 L'insertion des renforts métalliques

- Posez le premier carreau de 30 cm de long en insérant les deux fers plats dans leurs logements.
- Continuez la pose des carreaux en encollant les côtés et en encastrant les fers au fur et à mesure.

Notre conseil *Placez bien les cales de 50 cm de haut à la jonction de chaque carreau.*

- Comblez la tranche inférieure des carreaux à l'aide de mortier-colle.

Secrets et savoir-faire

→ La hauteur maximum d'une cloison en béton cellulaire de 7 cm d'épaisseur est de 2,60 m ; elle est de 3,20 m si son épaisseur est de 10 cm.

→ Au-delà de 10 m² pour une cloison de 7 cm d'épaisseur et de 15 m² pour une épaisseur de 10 cm, il est nécessaire d'employer des poteaux raidisseurs.

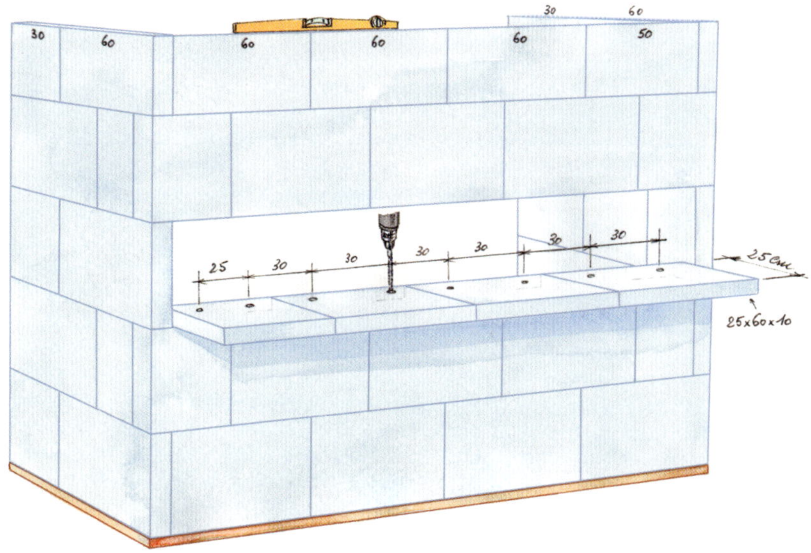

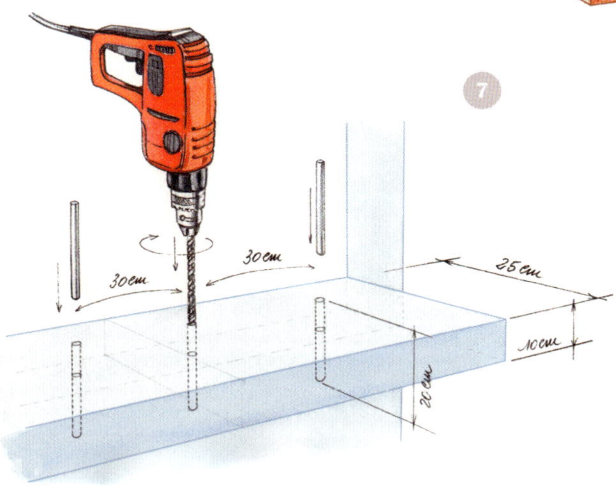

7

7 La fin du montage

- Montez les retours et le dernier rang en continuant à décaler les joints verticaux et à entrecroiser les carreaux d'angle.
- Pour préparer la fixation du bar, posez sans les coller les carreaux destinés à constituer le plan horizontal, percez 7 trous verticaux, de 20 mm de diamètre et de 20 cm de profondeur, tous les 30 cm. Retirez les carreaux et insérez les fers ronds métalliques après avoir largement garni les trous de mortier-colle.
- Replacez, après encollage, les 4 carreaux de 25 cm de large (3 carreaux de 60 cm de long et 1 de 50 cm) en les enfilant sur les tiges métalliques.

Notre conseil *Tassez au maximum le mortier autour des tiges métalliques ; rajoutez-en au besoin.*

8 La finition

- Collez au mortier-colle des cornières métalliques d'angle sur toutes les arrêtes et réalisez l'enduit de finition en deux passes (voir les bons gestes page 11).
- À l'aide de la boîte à onglet, sciez les plinthes aux bonnes dimensions et collez-les à la colle néoprène.
- Appliquez la peinture acrylique avec le pinceau à rechampir, en commençant par les angles intérieurs, puis continuez au rouleau.

Notre conseil *Si certains défauts apparaissent à la surface après la première couche de peinture, repassez une couche d'enduit sur les zones le nécessitant, poncez, puis passez une seconde couche de peinture.*

8

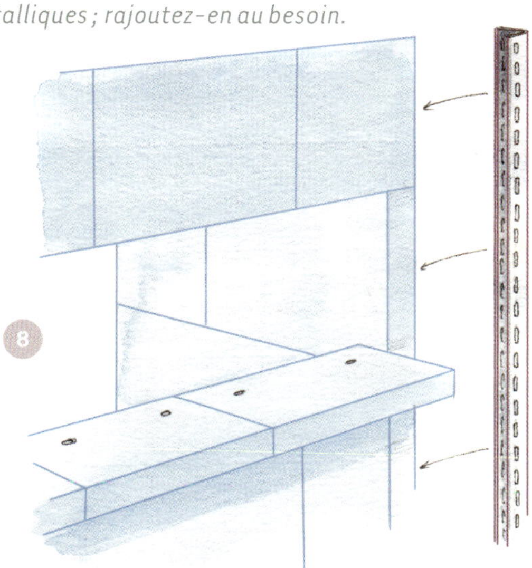

Crédits photographiques

Page 5 Inside / W. Waldron, **page 13** SIC / V. Leroux / C. Puech, **page 21** SIC / Mai-Linh / C. Puech, **page 31** SIC / M. Schwartz / C. Lancrenon ; V. Méry / Y. Méry, **page 39** SIC / C. Dugied / J. Postic, **page 47** Maison Magazine / X. Gary / P. Pfeufer, **page 55** Côté Sud / B. Touillon / L. Botta, **page 61** Inside / D. Vorillon, **page 67** Inside / S. Anton.

Couverture SIC / V. Leroux / C. Puech, SIC / C. Dugied / J. Postic, Inside / D. Vorillon, Inside / S. Anton.
Photo des personnages en première de couverture : Jean-Luc Syren / S.A.E.P.

Toutes les photographies de gestes sont de Alain Thiébaut / S.A.E.P.

Packaging : aa éditions

Direction d'ouvrage : Catherine Nadal
Illustrations des pas à pas à l'aquarelle : Christian Bourbon
Illustrations des déclinaisons : Catherine Nadal & Stéphanie Boulay
Dessins de personnages : Christian Maucler
Équipe rédactionnelle : Catherine Nadal, Thomas Bout, Guy Loison

Direction artistique : Stéphanie Boulay
Mise en pages : Barbara Kekus

Conception et coordination éditoriales : Anne Fitamant Peter et Sophie Prodel

Dépôt légal 2e trim. 2007 - n° 3311
Imprimé en U.E.